情商高 Emotional Quotient
就是说话让人舒服

朱凌 常清
/著/

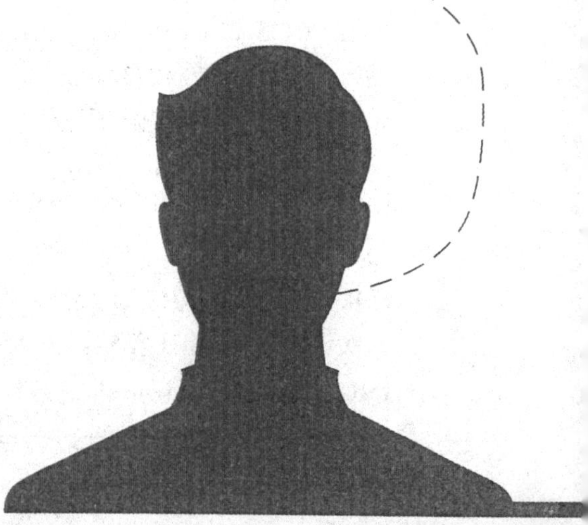

延边大学出版社

图书在版编目（CIP）数据

情商高，就是说话让人舒服 / 朱凌，常清著 .—延吉：延边大学出版社，2016.9

ISBN 978-7-5688-1248-1

Ⅰ.①情… Ⅱ.①朱… ②常… Ⅲ.①口才学－通俗读物 Ⅳ.① H019-49

中国版本图书馆 CIP 数据核字（2016）第 232027 号

情商高，就是说话让人舒服

作者：朱凌　常清
责任编辑：于衍来
封面设计：仙境
出版发行：延边大学出版社
社址：吉林省延吉市公园路 977 号　　邮编：133002
网址：http://www.ydcbs.com
E-mail：ydcbs@ydcbs.com
电话：0433-2732435　　传真：0433-2732434
发行部电话：0433-2732442　　传真：0433-2733056
印刷：天津旭丰源印刷有限公司
开本：170 × 240 毫米　1/16
印张：14.5　　字数：220 千字
印数：50000 册
版次：2016 年 10 月第 1 版
印次：2023 年 10 月第 5 次
ISBN 978-7-5688-1248-1

定价：38.00 元

目录 CONTENTS

Part1 颜值时代，更拼“言值”
——用高情商助你成为这个时代的言值担当

Part2 情商是里子，幽默是面子
——情商告诉你该说什么，幽默让你说得更漂亮

Part3 真正的高情商，不是虚伪，而是温暖
——把对方放在心上，“良言”就不会变成“恶语”

Part 4 “口吐善言”，最值得称道的正能量
——提供对方想要的认同感

Part5 说出口的话比心里的话，多一件衣服
——情商高的人，人情味也浓

Part6 带着同理心说话，做人生赢家
——情商高就是会换位思考

Part7 拒绝那些很 low 的回应方式
——拜托，别再说些背后让人嘲笑情商低的话了

Part 1

颜值时代，更拼“言值”

——用高情商助你成为这个时代的言值担当

用高情商的仗义之言为友谊的小船护航

一个看脸的世界，谁都想提高自己的颜值。但是，如果一个人颜值很高，但他言而无信、花言巧语，你会喜欢他吗？有一个人颜值不高甚至有点低，他会仗义执言、金玉良言，你会喜欢他吗？会！这就说明外貌的“颜值”远远比不上语言的“言值”重要。

黄渤长得不帅，但他努力演到了金马影帝。有一个很帅的主持人采访他：“马云说男人的相貌跟他的才华成反比，你怎么看？”帅哥主持人就是想当众让黄渤出个丑，但是黄渤反问道：“我相信这句话也一直激励着你吧？”让这个只有颜值没有言值的主持人哑口无言。

仅仅靠颜值并不能成为一个真正有魅力的人，而言值却能够凸显一个人的智慧和气质。愿我们都能成为这个时代的言值担当！

北大才女王帆在《我是演说家》中的这段演讲充分表达了在新时代应该大力倡导并颂扬“言值”，号召人们要有言值担当的智慧和远见，令人醍醐灌顶。

你身边是不是也有这样的事，某某女生不是很漂亮，但是有很多优秀的男生都喜欢她，朋友同事也特别爱和她在一起，觉得跟她相处很舒服、很自在、很愉悦。正如著名主持人蔡康永先生所说：“外表好不好看，绝对不是人生的决胜点。讨不讨人喜欢，还比较更重要一点。”为了增强说服力，蔡康永先生还给出了这一结论的论据：

和你住同一间房子的室友，或者坐你隔壁办公桌的同事，就算长得很美，你也不见得心情会很好，但要是她很讨人厌，你却一定心情坏。如果你的室友或同事长得不美，但很好相处，很讨人喜欢，那你的心情就很容易很好。大概只有做大明星的人比较适合非常美但是非常讨人厌。如果没打算做大明星的话，那么会因为你的美丽而感到人生满足的人，其实很有限。反而是你的讨人喜欢，可以造福身边很多人。

在拼颜值的演艺圈，胖胖的贾玲绝对是一个神奇的存在。“国民老公”宋仲基说喜欢贾玲的酒窝。的确，酒窝是女神与男神的杀手锏，许晴的酒窝里就有蜜，但酒窝在贾玲的脸上，不是蜜，而是笑。

贾玲，一个集高情商与“小心机”于一身的真实的女汉子，没有花容月貌，没有矫揉造作，但她太会说话了，让人根本讨厌不起来，何况没人会讨厌一个看着就想笑的人。不管是参加综艺节目，还是接受采访，抑或是出席朋友的婚礼，她总会用自己那套特别的高情商说话方式吸粉无数。

3 月 30 日，包贝尔夫妇带着一岁的女儿饺子在巴厘岛补办婚礼，请来了一大拨明星好友助阵，徐峥更是担任了证婚人一职。不过，本来好好的一桩婚事，却因为伴郎团闹伴娘一事，在网上激起了热议。

在婚礼的抢亲环节，玩“嗨”了的伴郎们嬉闹着要把伴娘柳岩抬起来扔到游泳池里！第一次当伴娘的柳岩，一开始高兴又紧张，还在微博上晒自拍询问网友建议。没想到，婚礼上却突然被这样戏弄，吓得她花容失色，全程尖叫，大喊“救我啊”……柳岩当天穿的是浅色抹胸裙，拉扯中极易暴露，湿身后又是何等“春光乍泄”？别说女明星要保持形象，相信任何一个女孩子都不会愿意在大庭广众之下走光出丑。

幸亏这个时候贾玲对柳岩出手相救！贾玲冲出来想推开伴郎，看无法推开，自己索性一屁股坐在了柳岩身前，以防止她被推下去。如果事情到这就结束，还不足以体现贾玲的高情商。

贾玲这样“英雄救美”，难免让几位嬉闹的伴郎有点儿下不来台，于是她接着机敏地说：“这件事很简单，红包就能解决。”于是掏出红包塞给眼前几位伴郎，瞬间缓解了尴尬，让他们妥妥地走下了台阶，现场气氛也依旧热闹。

贾玲一句“这件事很简单，红包就能解决”击退了嬉闹的人群，更是收获了各界的一致赞赏。不少网友都说，若是换作自己，看着一个女性朋友被这样戏弄，很可能会控制不住对几位伴郎大骂一通。不过这样做虽然保护了自己的朋友，但却会破坏婚礼现场的热闹气氛，而且跟被骂的几位伴郎大概也“友尽”了。可贾玲一句笑语，不仅维护了柳岩，而且还顾及了大家的情面——拿红包给伴郎，给他们一个台阶下，不仅讲义气而且情商高，不得不说做得真好。

最近大家都在说，“友谊的小船说翻就翻”，到底是什么意思？友谊是一种很玄很玄的东西，它可以经受诱惑也坚韧不破，但也可以因为鸡毛蒜皮说断就断。高情商的人最懂怎么维持友谊，他们心里装着别人，在任何时候都能照顾到周围的每一个人，让大家都舒服。但要强调一点，高情商绝不是时刻取悦别人，而是不随便伤害别人，也不让别人伤害自己。

从现在开始“修炼”自己，做个高情商的人，让友谊的小船稳稳地开向远方吧！

修炼情商，从“打圆场”开始

常言道：“金无足赤，人无完人。”每个人都有遇到尴尬、出现失误的时候，尤其是在人多的场合犯错，面子上自然过不去。这时候，如果你能及时站出来“补台”，也就是替对方“打圆场”，巧妙地化险为夷、化拙为巧，保全其颜面，那么就会赢得对方的好感，在人际交往中取得良好的效果。

打圆场的目的通常是调解纠纷，化解矛盾，避免尴尬，打破僵局。但打圆场是有技巧的，运用得好可以消除误会、缓和尴尬的气氛，还有利于问题的解决；运用不好就是火上浇油，还会整成猪八戒照镜子——里外不是人。可以说，一个善于打圆场的人，都是处世功底深厚的人，情商都不低。

台湾著名主持人吴宗宪打圆场的技巧，可谓炉火纯青，值得我们学习。

2014年8月3日晚，户外真人秀《男神女神》节目中，四位美女选手秀了一段舞蹈，可能是因为紧张，有两位选手出现了一些小失误。看到姑娘们局促不安的样子，作为主持人的吴宗宪忙打起圆场：“虽然你们当中有人跳错，但一切都没关系。要知道，方才失误的那个动作，样子是全世界最可爱的。卓别林说过一句话‘全世界最精彩的演出，就是出错的那一次’。”姑娘们都被逗笑了。

在表演过程中出现失误，姑娘们心里肯定很不安，吴宗宪巧妙地借卓别林的一句名言安慰和开导她们：出错并不可怕，出错的一次恰恰是独一无二的，“样子是全世界最可爱的”。如此贴心体谅的话语，怎能不让姑娘们释然欢乐！

无独有偶，小米科技创始人雷军在一次业内峰会的讲话上，也为我们秀了一把如何高情商地为自己打圆场。

首届世界互联网大会“中外互联网领袖高峰对话”上，雷军说下了豪言壮语：“5到10年后，小米有机会成为世界第一智能手机公司。”美国苹果公司副总裁布鲁斯·塞维尔不屑一顾，“说起来总是容易的，但是做就不那么简单了。”但机智的雷军反应很快，接着说道：“马云讲过一句话，‘梦想还是要有的，万一实现了呢？’”引得台下一片笑声和掌声。

毕竟业内还有几家实力不凡的公司在场，雷军在他们面前有些过于自信地说出一句雄心勃勃而又具有挑战意味的话，自然会招致某些与会者的不屑，而这时他以马云的一句关于梦想的名言为自己打圆场，给自己的话加上了幽默的韵味，削弱了其中的挑战意味，自然也就更容易让人接受。

生活中的任何事情都包含着两重性，其中的对与错、利与弊是相对的。辩证地看待问题，得体地扬长避短，是打圆场的又一技巧。

有个理发师傅带了个徒弟。徒弟学艺半年后，这天正式上岗。他给第一位顾客理完发，顾客照照镜子说：“头发留得太长。”徒弟不语。师傅在一旁笑着解释：“头发长使您显得含蓄，这叫藏而不露，很符合您的身份。”顾客听罢，高兴而去。

徒弟给第二位顾客理完发，顾客照照镜子说：“头发留得太短。”徒弟不语。师傅笑着解释：“头发短使您显得精神、朴实、厚道，让人感到亲切。”顾客听了，欣喜而去。

徒弟给第三位顾客理完发，顾客边交钱边嘟囔：“剪个头花这么长的时间。”徒弟无语。师傅马上笑着解释：“为‘首脑’多花点时间很有必要。您没听说‘进门苍头秀士，出门白面书生！’”顾客听罢，大笑而去。

徒弟给第四位顾客理完发，顾客边付款边埋怨：“用的时间太短了，20分钟就完事了。”徒弟心中慌张，不知所措。师傅马上笑着抢答：“如今，时间就是金钱，‘顶上功夫’速战速决，为您赢得了时间，您何乐而不为？”顾客听了，欢笑告辞。

故事中的这位师傅真是能说会道，他巧妙地利用人们爱听“吉言”的心理，针对顾客不同的抱怨机智灵活地择用不同的幽默话语进行“打圆场”，引领对方换个视角去体会佳妙之处，欣喜而去也就是很自然的了。

不管是吴宗宪、雷军，还是理发师傅，他们绝对称得上是高情商的典范，都能够在任何情况下借助恰到好处的话语及时出面打圆场，淡化和消解矛盾，给自己和对方找台阶下，使气氛由紧张变为轻松，由尴尬变为自然。

打圆场是一种语言艺术。从今天开始进行训练，让你的口才更加出众吧！

谁也不想听到命令式的语言

有些人习惯用“指导性语言”去教导、指正别人。他们不管自己懂不懂，也不管自己做得好不好，就习惯指导别人该怎么做。虽然，有时“善意的指导”确实对别人有益，但动不动就以这种态度来指正对方，常会引来别人的反感。

有位中学老师离职后，转任保险公司业务员。由于当过老师，她在与同事、客户说话时，常不自觉地说：“我这样讲，你懂不懂？”或“你能明白我的意思吗？”后来，有个男同事对她说：“我们是你的同事，不是你的学生，拜托你讲话时，不要一直问我们‘懂不懂’好不好？好像我们都很笨的样子！”

可见，“指导性语言”若用得不恰当，或用得太多，就会变成“批评”，甚至是“找碴”。因为指导性语言通常带有“上对下”的教训口吻，有违平等交流的原则，会让对方感到不快。不管是名流显贵还是平民百姓，作为交谈的双方，他们都应该是平等的。

例如，相比起“让我做”这句话，我们大概更喜欢听到“请给我一个机会”。初次见面时，因彼此都不了解，就有必要保持节制有礼的态度。“让我做”听起来有些盛气凌人的意思，这是我们所不喜欢的；而“请给我一个机会”就比较婉转，会让别人感到很舒服。

关于维多利亚女王，有这样一个故事：

维多利亚女王很晚才结束工作，当她走回卧房门前时，发现房门紧闭，于是她抬手敲门。卧房内，她的丈夫阿尔伯特公爵问：“是谁？”

“快开门吧，除了维多利亚女王还能是谁。”她没好气地回答。

没有反应。

她接着又敲，阿尔伯特公爵又问：“请再说一遍，你到底是谁？”

“维多利亚！”她依然高傲地回答。

还是没动静。

她停了片刻，再次轻轻敲门。“谁呀？”阿尔伯特公爵又问。

这回维多利亚轻声应答：“我是你的妻子，给我开门好吗，阿尔伯特？”

门开了。

从这个故事中，我们可以看出，亲切动人的声音所达到的效果。想想你通常都说了些什么，是怎样说的。你是否总是自觉或不自觉地用一些命令式的语言对别人说话？有没有人曾叫你说话声音放小点？请一定要多多关注自己的说话方式，它是你的整体形象中的一个重要组成部分。

一字之差显情商

人的心理是很奇妙的，说话时，“我”和“我们”一字之差，给人的感觉就完全不同。比如，我们在听演讲时，演讲者说“我认为……”带给我们的感受，将远不如他采用“我们……”的说法。前者只能让人感觉是你在自我表演，而后者就会有效缩短与他人之间的心理距离，更容易让人有参与感，产生团结意识，这在心理学上被称为“卷入效应”。试想，把对方纳入同一个战壕，他当然会倾向于支持你！

小孩在玩耍时，经常会说“这是我的玩具”或“我要去游乐园玩”等等，这是自我意识强烈的表现。在小孩子没有杂念的单纯世界里，这么讲或许无关紧要，但在复杂、敏感、讲究的成人世界里，如果仍然满口不断的“我”，就会给人突出自我、标榜自我的坏印象，人际关系也会因此受到影响。

《福布斯》杂志上一篇名为《良好人际关系的一剂药方》的文章中，总结出与人交际时最不重要的一个字，就是“我”。正如福特二世在描述令人讨厌的行为时说：“一个满嘴是‘我’的人，一个随时随地‘我’的人，一个独占‘我’字的人，一定是个不受欢迎的人。”

在与人聊天时，他们总是对自己的工作、生活、经历、想法等表现出浓厚的兴趣，“我”在他们的谈话中永远是用的最多的一个字，“我觉得……”“我建议……”“我买了……”等等，丝毫不顾及他人的感受。他们总以为这种方式能最大程度地让别人了解自己，获得朋友，殊不知他们已经犯了说话的大忌——蔡康永先生曾经说过："与人聊天时，每个人都想聊自己。"

所以，会说话的高情商者，在与人说话时，总是会有意识地避开那个容易让人产生"大独裁者"印象的"我"字，而更多地使用"我们"来制造彼此间的共同意识。

有位心理学专家曾经做过一项有趣的实验。他让同一个人分别扮演专制型、放任型与民主型三种不同角色的领导者，而后调查其他人对这三类领导者的观感。

结果发现，采用民主型方式的领导者，他们的团结意识最为强烈。同时研究结果也指出，这些人当中使用"我们"这个词的次数也最多。

说"我"跟"我们"的差别，其实就是让听者心里高兴与否。说"我们"，让人听得舒坦，心里高兴，更乐意接受观点或选择合作，对自己有益无害；说"我"，听者心里不高兴，对自己也没什么好处。既然这样，聪明人就应该多说"我们"少说"我"。

在一些表彰大会上，经常可以听到这样的发言："我没有做什么，同事们和我一起奋战在工作岗位的第一线，尤其是领导，经常亲临现场检查工作并提出诸多宝贵性的指导意见，为我们做出了榜样。我们每一个人都在努力，功劳是大家的。所以，今天大家给我的荣誉，不能简单地归于某一个人，这是属于我们大家的荣誉。"

其实，这些话多半言不由衷，但是把"我"说成"我们"，既让同事们听着舒服："这人够实诚，懂得有福大家享"，在团队中树立了威信；又没有抢了领导的风头："这小子，还算有点良心"，得到领导的赏识，离晋升、加薪还远吗？

那么，是不是不能说"我"呢？当然不是，只要掌握一定的运用分寸和使用技巧即可。当不可避免地要讲到“我”时，你要做到语气平淡，既不把“我”读成重音，也不把语音拖长。同时，目光不要逼人，表情不要眉飞色舞，神态不要得意扬扬，你应把表述的重点放在对事件的客观叙述上，而不是突出做事的“我”，以免使听的人觉得你自认为高人一等，觉得你在吹嘘自己。

关于说话当中细微之处显情商的例子还有很多，“国民励志女作家”咪蒙老师总结如下：

——说“谢谢”的时候，在“谢谢”后面加上“你”或者对方的名字，会比单说“谢谢”更能让对方感受到你的诚意和友善。因为“谢谢”是泛指，而“谢谢你”是特指。

——请人帮忙时在句子末尾加上“好吗”两个字，那种略显强硬的命令语气立马就变成了委婉得多的商量语气，对方会觉得更被尊重；尤其是对待世俗意义上比自己地位低的人，在交待对方做某事时，加上“可以吗”“你方便吗”“好吗”，会显得你更有教养哦！

——跟刚认识的人约见面，比起问“明天在哪儿见面啊”，换成“明天咱们在哪儿见面啊”，只是一个细节的改动，就显得更亲切了。

……

只是多了一两个字，或者换了一种说话方式，就能迅速拉近你和对方的关系，促进彼此之间的感情交流，让对方愿意听你说话。这就是一个说话让人舒服的高情商者的说话之道。

社交高手的“独门秘籍”

继智商测验、情商测验后不久，美国著名心理学家爱德华 · 桑代克在《哈泼斯杂志》的一篇文章中首次提出了“社交商”的概念。他曾经给社交商下过这样的定义：“如何识别、管理他人情绪，并且同他人和谐相处的能力”，是情商的重要组成部分。桑代克发现，社交商对于许多领域的成功都是必不可少的，特别是一个成功的领导更需要具备高明的社交商。“工厂里技术最高超的工人，”他曾经写道，“如果缺乏社交商的话，也做不好工头。”

曾经有人说：“能够管理他人情绪的人是高情商之人”。所谓管理他人情绪，是指在准确识别他人情绪的基础上，用自己的情商影响他人的能力。能够做到这一点的人，必然能在社交场合如鱼得水。

“情商之父”丹尼尔 · 戈尔曼曾讲过一个“社交商”的典型案例：

一个胖胖的小男孩儿站在足球场边,他身边是两个个子高大的男孩儿，一看就是个运动健将。此刻，两个大男孩正在嘲笑小男孩儿：“小胖子，难道你也想踢足球吗？你觉得你能踢足球吗？”

这是一种非常明显的侮辱与挑衅，一般情况下，这个年纪的男孩在听到这种侮辱后很少有不打起来的。

胖胖的小男孩儿当然也很生气，但是一瞬间他就控制住了自己的愤怒，他只是闭上眼睛，做了个深呼吸，然后转过身去，用平静的语调说：

"是的，尽管我足球踢得并不好，我还是要试试。"

停顿了一下，他补充道："但是我的美术棒极了，不管看到什么，我都能把它画得惟妙惟肖。"

然后，他指着挑衅的那个男孩，对他说："至于你，你的球技很棒，真的很高超！我也希望有一天能像你一样，但是就是做不到。我想，通过不断练习我总能提高一点点的。"

小男孩的这番话一说完，那个挑衅的高个子男孩儿立刻收起了轻蔑的态度，他甚至变得友好起来，说道："其实你的球技也没有那么差劲，如果你愿意的话我倒可以教你几招。"

在这个世界上，恃强凌弱的现象经常发生，在学校里的以大欺小就是预演。如遇这类事情，低情商的表现是以牙还牙，高情商的表现则是控制影响。故事中那个胖胖的小男孩儿的情商的确很高。

首先，控制自己——小男孩儿有效地克制住了自己的愤怒情绪（对于他这个年纪的孩子来说，这实在是不容易）；而在这之前，他已经有效地识别出了大男孩的情绪：只要他们一起争执，大男孩会毫不犹豫地揍他。

其次，影响他人——小男孩接下来用自己平静的语调和不亢不卑的语言化解了大男孩的轻蔑和挑衅的情绪，而转向了友好和尊重——这绝对体现出的是一种卓越的社交智慧。

就在这一刹那间，小男孩儿用自己的"社交商"解决了冲突，把一个眼看就要即将爆发的"争斗"关系转变成为了一个良好的合作关系。看来，不单是企业争端、国际争端需要社交商，连小小的人际争端也离不开社交商啊。

"智商决定是否录用，情商决定是否晋升，社交商决定是否成功。"

美国著名人际关系学大师卡耐基在其著作《人性的弱点》一书中提到，约翰·洛克菲勒在他事业鼎盛的时候，曾经说过：“应付人的能力，也是一种可以购买的商品，就像糖和咖啡一样。我愿意对那种能力付出酬劳，它的代价要比世界上任何东西都高。”

与社会交往能力差、性格孤僻的高智商者相比，那些能够敏锐了解他人情绪、善于控制自己情绪的人，更可能找到自己想要的工作，也更可能受人欢迎，为自己的成功积累下重要的人脉。情商为人们开辟了一条事业成功的新途径，它使人们摆脱了过去只讲智商所造成的无可奈何的宿命论态度。

我们人生中有很多不愉快的事情，只要你具备了情商，你就可以把战争转化为和平，痛苦转化为快乐。反之，如果我们不快乐，恶劣的情绪就会像流感一样，造成大面积的人际关系感染。

用你爆表的情商保护你爆表的颜值

当对方提出的问题使你无法回避，又不好做出正面解答时，不妨顺水推舟接着他的话茬往其他方面引申，给予间接回答。接茬引申需要说话者具备丰富的想象力和超棒的口才，使间接回答的话语出乎对方的意料。可以说，接茬引申法是应付敏感问题的一种行之有效的方法——既回应了对方的问题，又显示出了自己的气度和心胸。

请看“台湾第一美女”林志玲是如何妙用接茬引申法的吧。

林志玲能稳坐台湾美女的头把交椅多年，与其高情商密不可分。可能很多女生不太喜欢林志玲，因为她拥有天下女人所羡慕的美貌、甜蜜的娃娃音以及超好的异性人缘，实在是想不让人嫉妒都难。但是，就算拥有这么多优势，林志玲为人依然很谦虚、不做作。在她参加的某真人秀节目里，她的表现几乎无差评。她录节目不摆架子、不矫情，不会因为录制环境差就向节目组抱怨，反而会去主动帮助别人。她参加发布会会穿平底鞋，以配合其他女星的身高；别人跟她握手，她会主动屈膝跟对方尽量保持平视……

2014 年 7 月，林志玲在哈尔滨出席活动时，现场有记者屡屡追问她的感情归属问题：“即将迈入 40 岁的门槛了，‘女神’为何还没找到‘白马王子’？网友都说你是‘黄金剩斗士’，对此你怎么看？”这个问题本来会弄得林志玲一脸尴尬和羞涩，但是没想到，她随即莞尔一笑，“解读”

道："不错啊，'黄金'很好嘛，意味着我还在黄金时期，希望在黄金时期有一段黄金爱情。'斗士'我理解为自己仍拥有对生命和梦想的追求。我也不是'女神'，其实就是一般的女孩子。可是大家给我这个封号，我会更有使命感去做好许多事情。"一席话博得众人一片笑声和掌声。

林志玲面对记者"大龄剩女"的戏谑和调侃，心里肯定有些不爽，但她仍旧以淡定从容的姿态，运用引申法机智应对。对于"黄金剩斗士"的称号，她不仅乐意笑纳，而且赋予了全新的含义，让对方不得不拍手叫好。这种间接岔题作答，不但能恰到好处地制止刁难，回击对方的挑衅，而且还使答话的语言充满情趣和魅力。

大家都说志玲姐姐美，但是，我想说，美丽是林志玲最不起眼的一个优点，高情商、会说话才是她最大的闪光点啊！

曾经有个记者问林志玲："孙红雷以前说过，不会和你这样的花瓶演戏，现在却还是和你合作了，有什么感想？"志玲姐姐马上回答："我只会相信红雷大哥亲口对我说的，我没听说过的，我不会相信。再说，如果雷哥真的有说过这样的话，他现在与我合作，不就是最好的证明吗？说明我的努力是有回报的。其实花瓶也是赞美啦，起码肯定了我还是有外貌的。"

对比一下那些被冠以"花瓶"，动不动就黑脸的女星来说，志玲姐姐以这样温柔、平和又自嘲的方式回应了最头疼的问题，真是情商高的大神啊！

身为女明星能够巧妙应对记者的犀利提问，大概是走好星途的第一步吧。既能够回答对方的问题，又把对方的嘴堵上，不让他在私人问题上纠缠下去，确实需要高情商来作支撑，随机应变，保护自己。

2015 年 6 月 13 日，周冬雨在上海电影节上出席新片《冰河追凶》发布会。由于此前周冬雨与恋爱男友度假时忘拉窗帘遭狗仔偷拍，现场，周冬雨被提问最多的是“窗帘门”问题，一时好不尴尬，只听周冬雨机智回应说：“没想到大家这么关心一个窗帘的事，我都想开一家窗帘厂了，请记者朋友们来代言。”引发台下一阵哄笑和掌声。

在公众场合，对于某些私人信息，你并不想公开但有人偏偏要打听，这时候断然拒绝回答会显得你不会聊天，也会让对方陷入尴尬之中。那么，你就可以学学上面两位明星的机智应对技巧，通过曲解引申、幽默表达，将对方的问题引到无关话题上去，然后顺着新话题越聊越远，你就无须正面回答令你尴尬的问题了。这样做既保护了自己的隐私，又不会让对方下不来台，还不会破坏现场气氛，一举多得，何乐而不为呢？

聪明的人一定会提供良好的情绪价值

老婆明天晚上要去参加公司聚会，因为吃完饭还要去KTV唱歌，所以不能带孩子，而且要很晚才能到家。所以她说：“老公，你明晚能搞得定吗？”

老公说：“你不用管那么多，我搞定就行了。”

老婆立刻不高兴了，老公也马上意识到自己的话有问题。他明明是想表达：“老婆，你尽管放心去吧，好好玩，孩子吃喝睡觉什么的我都可以搞定。”多么有担当的老公，却被老婆误解了，委屈不？

其实，一点儿也不委屈。因为他明明可以好好说话，让对方的兴奋度和期望值更高一点，却给对方浇了一盆冷水，让对方的兴致全无。如果老公换一种表达方式，如：“老婆，难得一次聚会，要好好放松放松，多拍些照片回来。家里有我这奶爸呢，照顾孩子妥妥的。”那么，我想双方都会彼此愉悦。

通过这个小小的生活场景，大家会发现，两个人在沟通时，说话方式和说话情绪完全可以影响到对方。这让我想到了最近在网上新学到的、有不少商界大咖在演讲中都提到的一个词——情绪价值。

简单来说，情绪价值就是一个人影响他人情绪的能力。一个人越能给其他人带来舒服、愉悦和幸福的情绪，他的情绪价值就越高；一个人总让其他人产生别扭、生气和难堪的情绪，他的情绪价值就低。

高情绪价值是一种人格魅力，人们都喜欢跟积极向上、充满正能量且能让自己感到愉悦的人交往。相反，那些天天抱怨、动不动就“抓狂”的满满负能量的人情绪价值太低，我们总是能躲多远就躲多远，跟他们在一起时感觉自己都跟着不好了。

现如今，一点小事就生气、一言不合就发飙、情绪无常的人不在少数。最近热播的《欢乐颂》里备受争议的曲筱绡，就是情绪价值太低的人，她有话不会好好说，总是莫名其妙地给身边人添堵。

所以，不想友情的小船说翻就翻，更不想爱情的巨轮说沉就沉，就向下文中的安迪学习，努力提高自己的“情绪价值”吧。

安迪的男朋友是一个很懒的人，就算屋子已经乱到没有下脚的地方，也绝对不会收拾。朋友们提意见，他还会不耐烦地反驳：“能不能好好聊天了！我不是住得好好的？”

在几次沟通无效后，安迪换了一种策略。

男朋友每次做了一点点家务，她都会注意到，并且立刻给予赞美。比如：“你太厉害了，碗比我洗得干净多了。”“多亏有你，不然我都注意不到桌子脏了。”“你太有天赋了吧，第一次煲汤就这么棒。”

慢慢地，安迪的男朋友已经能够相对主动地分担部分家务了。她的目标是把男朋友培养成家务小能手，这样她就可以“坐享其成”。

其实，不管男人还是女人，大部分都吃软不吃硬，基本上都是“顺毛驴”——你说他好，他会变得更好；你说他不好，他会变得更不好。提供良好的情绪价值就像顺着毛驴的性子，再跟它说点话、喂点草，大部分驴都会乖乖的，让它往东绝不往西。聪明的人一定懂得四两拨千斤的道理。

说几句漂亮话就能解决的事情，为什么不呢？

安迪就深谙此理，所以，她并没有像朋友们那样直截了当地提出屋子太乱需要收拾，招致男朋友的反感，而是通过赞美、鼓励提高了他对“做家务”这件事的愉悦感，进而促使他的行为发生了改变。可以说，通过向别人提供高情绪价值，最终受益的其实是我们自己。

称呼错了，后面的话再精彩也说不出口

说话办事，首先涉及的问题就是如何称呼别人。有礼貌地称呼别人，是说话办事顺利进行的第一步。如果称呼不当，轻则造成尴尬，重则引起别人的反感和愤怒，导致交流不畅甚至中断。懂得恰当称呼别人的人才会让人喜欢，说话办事也会更加顺利。

王女士平时很注意美容保养，可毕竟岁月不饶人，这两年脸上的皱纹越来越多，还长了不少老年斑。为此，王女士时常对着镜子发愁，哀叹自己青春不再。

一天，王女士去菜市场买菜，一个年轻姑娘热情地招呼道："阿姨，我们家的菜可新鲜了，看看您需要点什么？"没想到王女士的脸色突然就变了，没搭理那个姑娘径直走了。这位姑娘感到很纳闷，不明白是怎么回事。旁边的人悄悄对姑娘说："她不喜欢别人叫她'阿姨'，你叫她'大姐'，她就对你热情了。"

原来，这位王女士最怕的就是别人提到她的年纪，虽然年纪大了，却不喜欢别人叫她"阿姨"。卖菜的姑娘不小心触到了她的痛处，她家的菜自然推销不出去。

可见，恰当的称呼别人也是一门艺术。会说话的高情商者在称呼别人时总是谨慎小心，会综合考虑对方的年龄、身份等多种因素，这样说话办事才

不至于吃闭门羹。要做到恰当地称呼别人，主要需要注意以下几个方面：

◎参考对方的年龄

一般场合下，人们都会依据年龄来称呼别人，这是最常用也是最方便的办法，通常情况下不会出错。但是，俗话说，“逢人短命，遇货添钱。”即：和别人聊天时，在不知道对方年龄的情况下，要将对方的真实年龄往年轻处说少三五岁；在看见别人买了东西时，要尽量把东西往价高处说，明明值两百元的说成三百元，这样一来，既肯定了对方的购物眼光，也称赞了对方购买时少花了冤枉钱。实际上，这就是一种处世方式。

许多人都不喜欢别人称呼他“老 ×”，尤其是女性，对年龄非常敏感，能叫“大姐”的就别叫“阿姨”，能叫“阿姨”的就别叫“奶奶”。

◎参考彼此的关系远近

人与人之间的关系有远有近，在称呼的时候也应有所区别。明明是普通朋友却用非常亲昵的称呼，难免让人误会，认为你故意套近乎；相反，如果是比较亲近的关系却用了非常客套的语言来称呼，就会让人感觉十分见外。朋友之间，恰当地使用一些有趣的昵称将有助于增进感情。有的昵称则不是所有人都能用的，只有家人或其他关系密切的人才能用，这种特定的昵称也是表达亲密关系的一种方式。

◎参考对方的身份职业

不同身份职业的人有不同的语言习惯，在称呼别人时要注意符合对方的习惯，这样才有助于沟通。例如，在农村遇到老大爷，如果称呼对方“老先生”，恐怕没有人会知道你在叫他；而如果对有身份地位的年长男士称呼“大叔”“大爷”，恐怕他也不会愿意跟你说话，应该配合其职业称呼“王老师”等。

◎参考当地的语言习惯

不同地区对于相同对象的称呼可能不同，如果不加留意，很可能就会闹出笑话。例如，一些地方把儿子的老婆称为“媳妇”，而有的地方则称为“儿媳妇”，“媳妇”则专指自己的老婆，一字之差就意味着不同的家庭关系。再如，中国人经常把配偶称为“爱人”，在外国人的意识里，“爱人”则是“第三者”的意思。

想要成为人见人爱的可人儿，在说话办事时就一定要注意恰当地称呼别人，这样才能树立一个懂礼、嘴甜的好形象，赢得别人的好感，使得交流能够顺利进行。

爱就是“我愿意听你说”

《福星》杂志曾刊出了一篇对公司员工的妻子所做的调查报告。他们引述一位心理学家的话说：“一个男人的妻子所能做的一件最重要的事情，就是让她的先生把他在办公室里无法发泄的苦恼都说给她听。”能够尽到这个职责的妻子，被赋予了“安定剂”“防哭墙”“共鸣器”和“加油站”等称号。这个调查报告同时也指出，男人需要的是温柔、主动的倾听，而不是什么劝告。而事实上，最常发生的情形却往往是这样的：

丈夫回到家，上气不接下气地说道：“老天！亲爱的，今天真是个值得庆祝的日子！我被叫进董事会里，汇报有关我所做的那份区域报告。他们还想听我的，而且……”

“真的吗？”妻子心不在焉地说着，一点也不用心的样子，“那真好。亲爱的，快来！吃点我刚做的酱牛肉吧！对了，我有没有告诉过你，早上我找人来修下水道了？那人说有些地方应该换新的了。你吃过饭后去看一下好吗？”

“当然好，宝贝。噢，就像我刚才说的，董事会听取了我的建议。说真的，起初我真有一点紧张，但是我终于发觉我引起他们的注意了……”

妻子插话道：“我常认为他们不了解你、不重视你。哎，对了，你必须和儿子聊一聊他的学习问题，这学期他的成绩实在糟糕透顶。他的班主任说，如果儿子肯用功的话，一定可以念得更好的。对于他的学习问题，我现在真的无计可施了。”

到了这时候，丈夫才发觉他在这场争夺发言权的战争中已经彻底失败了。于是，他只好无奈地把他的得意和酱牛肉一起吞到肚子里，然后解决有关下水道和儿子教育的问题。

难道他的妻子真的如此自私，只在乎自己的问题吗？当然不是，其实，她和丈夫一样，也想找个听众倾诉一番，只不过她把自己倾诉的时间搞错了。其实，她只要耐心地听完丈夫在董事会上出风头的事，等他把自己兴奋的情绪发泄完了以后，就可以跟丈夫大谈家庭琐事了。

任何一位身在职场的人都有这样的感受：下班后，如果家里有个人愿意听你谈谈这一天所发生的事情，不管是好的还是坏的，这会让自己觉得不那么孤单。因为，在办公室里，常常没有机会对所发生的事情表示意见。如果事情进展得特别顺利，我们也不能在那儿开怀高歌；而如果碰到了困难，最好的同事也不愿意听你说那些麻烦事，他们自己已经有够多的烦恼了。于是，当我们辛苦地工作了一天回到家里时，往往会有一种想一吐为快的迫切心情。

善于倾听的伴侣能够给自己的另一半以最大的安慰。

高情商的妻子会在老公遇到生意上的烦心事时，以关切的态度认真听丈夫诉说他的难处，而不是抱怨丈夫做事不谨慎、爱冒险或者直接避而不谈相关的问题。其实，丈夫跟妻子聊工作上的不顺心时，并不是期望妻子能给他出谋划策，而只是想找个人说一说内心的压力。如果妻子能够用耳朵和心耐心倾听，无疑是给丈夫最大的安慰和鼓励。

高情商的丈夫在妻子被生活的琐碎事情以及职场的压力弄得身心疲惫时，愿意牺牲看球赛或者无意义的应酬时间听妻子吐一吐苦水，那么妻子就不会觉得没人体谅，心中压抑的情绪发泄出来后，心情自然会好很多，这样就不会总是没完没了的抱怨，夫妻间的感情也会因此而变得更加深厚。

夫妻间的相处不是靠智商而是靠情商。即使你不会用甜言蜜语哄对方开心，但耐心听对方说话同样是一种传情达意的方式，甚至是更贴心的方式。

初次见面，说好第一句话

初次见面的第一句话，会给对方留下深刻的印象。我们当中有很多人过于腼腆，不知道该从何说起，于是谈话总是遭遇冷场，交不到朋友，自己也很郁闷。那么，在与陌生人的初次见面中，我们应该如何打开对方的话匣子，使谈话自然而然地进行下去呢?

与陌生人打交道，谁都会存有一定的戒心，这是初次交往的一种障碍。而初次交往的成败，关键要看如何冲破这道障碍。相貌好看的人可以用外表吸引众人目光，让人愿意主动与之攀谈。但资质平平的人就要想着如何说好第一句话来引起对方的兴趣，让双方在说完第一句话之后都还有继续聊下去的意愿。

比如，在一个严冬的夜晚，你与一位陌生人见面，“今晚好冷”这句话自然会成为你们之间所使用的开场白。只这一句话，虽然也能引出一些话来，但这些话也可能对彼此无关紧要。这样，想再进一步交谈就困难了。

但是，如果你说：“哦，今晚好冷！像我这种从小在南方长大的女生，尽管在这里生活了几年，但对这种天气还是难以适应。”那么，要是对方也是在南方长大的，就会引起共鸣，会接着你的话头聊一些有关的事。比如，气候方面南方潮湿而北方干燥，如果对方也是女生那么还可以聊一下气候对皮肤的影响等。如果对方是在北方长大的，他知道你是南方人，那么可能会出于好奇而对你的一些情况产生兴趣。比如，让你说几句有趣的方言，聊一下南方的美食等。这样，就可以把交谈引向深入。而且把自我介绍与谈话有机地结合，也不致令人觉得牵强、不自在。人们在不知不觉之中，就放弃了刚开始的戒备心理，而产生了亲切感，聊天自然就容易继续下去了。

说第一句话的原则是：拉近距离，消除陌生感。总结起来常见的有这么三种方式：

◎攀认式

赤壁之战中，鲁肃见诸葛亮的第一句话是："我，子瑜友也。"子瑜，就是诸葛亮的哥哥诸葛瑾，他是鲁肃的挚友。短短的一句话就定下了鲁肃跟诸葛亮之间的交情。其实，任何两个人，只要彼此留意，就不难发现双方有着这样或那样的"亲""友"关系。

例如，"你是 ×× 大学毕业生，我曾在那里进修过两年。说起来，我们还是校友呢！""您来自苏州，我出生在无锡，两地近在咫尺，今天得遇同乡，令人欣慰！"

◎敬慕式

对初次见面者表示敬重、仰慕，这是热情有礼的表现。用这种方式必须注意要掌握分寸，恰到好处，不能胡乱吹捧，不要说"久闻大名，如雷贯耳"之类的过头话。表示敬慕的内容也应该因时因地因人而异。

例如，"您的大作我读过多遍，受益匪浅。想不到今天竟能在这里一睹作者风采！""桂林山水甲天下，我很高兴能在这里见到您这位著名的山水画家！"

◎问候式

"您好"是向对方问候致意的常用语。如果能够因对象、时间的不同而使用不同的问候语，效果则更好。

对德高望重的长者，宜说“您老人家好”，以示敬意；对年龄比自己稍长几岁的人可以称“王姐、李哥，您好”，显得亲切；对方是医生、教师，说“李医生，您好”“王老师，您好”，含尊重之意；节日期间，说“节日好”“新年好”，给人以祝贺之感；早晨说“您早”“早上好”则比“您好”更得体。

总之，与陌生人第一次见面时，用心说好第一句话就可“秒杀”一片，迅速缓解紧张的气氛，拉近彼此的距离，让谈话顺利进行下去。

Part 2

情商是里子，幽默是面子

——情商告诉你该说什么，幽默让你说得更漂亮

幽默是最好的润滑剂

幽默轻松，表达了人征服忧愁的能力。布笑施欢，令人如沐春风，神清气爽，困顿全消。在人的精神世界里，幽默感着实是一种丰富的养料，是人际交往最好的润滑剂。幽默对自我控制、自我调整有着极大的帮助。美国一所大学的研究已经证明，在你幽默的时候，你的自我感觉会变得更好。

在非洲的一次首脑会议上，曼德拉出席并领取了“卡马勋章”。在接受勋章的时候，曼德拉发表了精彩的演讲。在开场白中，他幽默地说：“这个讲台是为总统们设立的，我这位退休老人今天上台讲话，抢了总统的镜头，我们的总统姆贝基一定不高兴。”话音刚落，笑声四起。

在笑声过后，曼德拉开始正式发言。讲到一半，他把讲稿的页次弄乱了，不得不翻过来看。这本来是一件有些尴尬的事情，但他却不以为然，一边翻一边脱口而出：“我把讲稿的次序弄乱了，你们要原谅一个老人。不过，我知道在座的一位总统，在一次发言中也把讲稿页次弄乱了，而他却不知道，照样往下念。”这时，整个会场哄堂大笑。

结束讲话前，他又说：“感谢你们把卡马勋章授予我，我现在退休在家，如果哪一天没有钱花了，我就把这个勋章拿到大街上去卖。我肯定在座的某一个人会出高价收购，他就是我们的总统姆贝基。”

这时，姆贝基情不自禁地笑出声来，连连拍手鼓掌。会场里掌声一片。

这就是幽默的魅力，它拉近了演讲者和倾听者之间的心理距离，打消了一位伟人的神秘感，显示出曼德拉高超的智慧和人际沟通能力。

世间没有青春的甘泉，也没有不老的秘诀。80 岁高龄的曼德拉之所以能够保持身体健康、精神矍铄，在离开总统职位后依然能以和平大使的身份活跃在国际舞台上，是因为他在丰富的人生阅历中提炼出了大智慧，在苦难的折磨中咀嚼出了大幽默。

80 岁的曼德拉有着 8 岁孩子的童心。在会见拳王刘易斯的时候，他表示自己年轻时也是拳击爱好者。于是，刘易斯故意指着自己的下巴让他打，他笑着做出拳击的姿势。于是旁边的人问他："假如您年轻时与刘易斯在场上交锋，您能取胜吗？"他说："我可不想年纪轻轻的就去送死。"

正是在这一串串毫不做作的幽默之中，曼德拉展现出了他耀眼的人格魅力。在他周围，总是能够吸引许多同事和战友，包括他的亲人。

1975 年，身在狱中的曼德拉首次被允许与女儿津姬见面。曼德拉入狱的时候，女儿只有 3 岁，如今女儿已经是 15 岁的大姑娘了。

曼德拉特意穿上一件漂亮的新衬衣，他不想让女儿感到自己是一个衰弱的老人。他知道，对于女儿来说，自己是一个她并不真正了解的父亲。他知道，女儿一定会感到手足无措。

当女儿走进探视室的时候，他的第一句话就是："你看到我的卫兵了吗？"然后指了指寸步不离的看守。女儿笑了，气氛顿时轻松起来。

曼德拉告诉女儿，他经常回忆起以前的情景，他甚至提起，有一个星期天，他让女儿坐在他腿上，给她讲故事。透过探视室的玻璃窗户，曼德拉发现女儿眼中噙着泪花。

津姬后来描述了这次见面，特意强调了曼德拉性格中风趣幽默的一面："正是父亲的这种幽默，让我这个以前并不了解他的女儿，和他一下子贴近了许多。"

20多年的牢狱之苦，风刀霜剑的严酷相逼，曼德拉都用幽默来应对。

幽默是人际交往的润滑剂，是一个人高情商的表现，它可以使人笑着面对矛盾，轻松释放尴尬。幽默是一种机智地处理复杂问题的应变能力，它往往比单纯的说教、训斥或嘲弄使人开窍得多。

善于发现幽默的机会是一个人心胸豁达的表现。当人们宽容的时候，就会忽略其中的恶意和偏执，给自己轻松，同时也给别人宽容。真正的优越感不是来自于争执时占了上风，而是来自于对别人的宽容。有了这种轻松的豁达，幽默感自会产生。

幽默是一种健康向上的品质，幽默对你心理上的影响很大，它会使生活充满情趣。有幽默的地方，气氛就会更加活跃。谁都喜欢与谈吐不俗、机智风趣者交往，而不喜欢跟抑郁寡欢、孤僻离群的人接近。

幽默能缓解矛盾，使人们融洽相处。生活中，人与人之间常会发生一些摩擦，有时甚至剑拔弩张，弄得不可收拾。而一个得体的幽默，往往能使双方摆脱尴尬的境地。

幽默是人类独有的特质。一个幽默的人能够给朋友带来很多欢乐，并且在人际交往中增加个人魅力，因而备受欢迎。有些人天生充满了幽默细胞，但并不是说没有这种秉赋的人就只能一辈子刻板严肃。幽默感是可以通过训练慢慢培养的。

◎积累幽默的素材

如果你不是个能即兴幽默的人，不如大量看漫画和笑话，从中体会幽默的感觉，久而久之，便可自己制造幽默，至少也可运用看来的笑话了。

◎仔细体会别人的幽默感，然后模仿一番

保持愉快的心情，敞开你的心胸，这是幽默感的“土壤”。这就好比让阳光洒进屋子一样，去接受各种人和事物，这些人和事物会在你的心中留下痕迹，成为幽默感的酵母。

◎与自己幽默

幽默大部分都和人有关系，你可以和他人幽默，也可以和自己幽默，但前者不好把握，因此不如与自己幽默，一方面不得罪人，另一方面也可让人了解你是个心胸广大、易于相处的人。

借题发挥的幽默，是对话中的彩蛋

借题发挥法，顾名思义，就是借现场的人、事、物甚至对方的语言为题，加以发挥、阐述，诠释出全新的思想来，从而制造幽默。

德国科学家亚历山大 · 冯 · 汉保尔特访问美国总统杰弗逊的时候，看见他书房里的一张报纸，上面刊载了对他攻击辱骂的言论。

“为什么让这种诽谤言论在报上发表呢？”汉保尔特拿起那张报纸说，“这家胆大妄为的报社为什么不查禁？或者对该报的编辑加以惩罚？”

“把报纸放进你的口袋里吧，先生，”杰弗逊笑嘻嘻地回答说，“万一有人怀疑我们是否有新闻自由，你可以把这张报纸给他们看看，并且告诉他们你是在什么地方找到它的。”

上面故事中杰弗逊接过对方的话题，把它与“新闻自由”联系起来，令人拍案叫绝。

借题发挥常能让人巧妙地达到自己的目的，尤其在某些场合，它比直言其事更显得委婉曲折。在日常生活中，有些场合，有的话不宜直截了当地说，这时巧用借题发挥，会起到意想不到的效果。

下面我们就一起来看看台湾著名主持人于美人是怎么借题发挥的吧。

一次，电视台老板要找我谈有关酬劳的问题。当然，我的目标就是加薪，但是我不知道要如何开口。我很想鼓起勇气直截了当地跟老板说：“我要加薪！”但是我才刚进入电视圈不久，如果讲得这么直接，会不会太过分呢？

为了这次薪资谈判，我挣扎了好多天，始终想不出该如何向老板开口。到了谈判的那天，我的脑袋还是一片空白，怎么办呢？只好见招拆招！

薪资谈判的那天下午，我与这位电视台老板相约在某家五星级饭店的餐厅喝下午茶。我们聊了很多，但是却没有半句话跟加薪有关。眼见这场下午茶就要结束了，我的内心开始焦虑起来。

正好这家餐厅里有位漂亮的女服务生正在为客人续杯。当她朝我走来，礼貌地问我：“于小姐，请问你要加茶还是加咖啡呢？”于是，我福至心灵地大声对女服务生说：“可以加薪吗？”

老板听到我那委婉至极的真心话之后，大笑了三分钟。按照以往“大笑三分钟，好事自然多”的经验，我相信马上就会有好事发生。果然，老板笑完之后，立即同意给我加薪！

相信大家看完之后都会为于美人的聪慧莞尔一笑吧！是的。中国有句老话：“会说话，当钱花。”所以，我们不但要会“实干”，还要会“说话”。会说话，就没有你要不到的“糖”。

有时候，借题发挥还能让坏事变成好事，让平淡生出幽默。

谭月去一家中外合资公司应聘，一位负责接待的先生递过名片，谭月神情紧张，匆匆一瞥，脱口而出：“滕野拓先生，您身为日本人，抛家别舍，来华创业，令人佩服。”那人微微一笑，说：“我姓滕，名野拓，地道的中国人。”

谭月顿时面红耳赤，无地自容。幸好，她反应很快，短暂的沉默后，连忙诚恳地说道：“对不起，您的名字让我想起了鲁迅先生的日本老师——藤野先生。他教给鲁迅许多为人处世的道理，让鲁迅受益终身。今天我在这里也学到了难忘的一课，那就是‘凡事认真’，希望滕先生在以后的工作中能时常指教我！”滕先生听了谭月的这一番解释，不禁点头微笑，谭月也如愿以偿获得了自己想要的工作。

如果说错了话，确实很难挽救，不妨借题发挥一下，有意地凸显错处，借机大做文章，为自己的话找到最佳效果的解释。这种方法妙在一个“借”字，难在一个“发挥”上，借什么样的“题”，如何发挥，这就是关键所在。借题发挥得好，尴尬就会轻松散去。

谭月的错话已经出口，在简单致歉后，立刻聪明地转移了话题，有意借着对方的名字加以发挥，巧妙地将话题引向了鲁迅的老师藤野先生，既消除了她将对方误当作日本人的尴尬，又语义双关，诚恳地检讨自己的不认真，同时又不失时机地暗示了愿在该公司服务的愿望，真可谓一语三得。

临场发挥很讲艺术性，要发挥得出彩而又得体是不容易的，这就要求说的人得有较高的情商，能够察言观色，说应景的话，这样才能达到锦上添花的效果。

也许有人会说，“没办法，我天生嘴笨、情商低。”如果你有此想法的话，就大错特错了。只要在这方面做个有心人，平时多积累、多练习，那么不久的将来，你的口中定会妙语连珠，幽默诙谐。

吵架了，试试来点儿小幽默

俗话说："夫妻没有隔夜仇，床头吵架床尾和。"夫妻唇齿相依，就免不了会唇齿相咬，因而夫妻之间发生争吵，实属正常。如果处理得好，争吵会在平静的生活中激起波澜，争吵过后，彼此会更加了解和体谅对方。但是，这种化解争吵的艺术并非人人都能掌握。有些架非吵不可，但吵过之后我们一定要试着去化解。如果化解不了，也至少要把其间的冲突减少到最低的程度。

有一对老夫妻，吵架后，他们彼此都不再开口了。过了几天，太太忘记了吵嘴的不愉快，想和先生说话，可先生就是不理她。

后来，太太在家里所有的抽屉、衣橱里到处乱翻，弄得先生忍无可忍。他问道："你到底找什么呀？"

"谢天谢地，"太太说，"我总算找到你的声音了。"

先生扑哧一笑，两人和好如初。

太太这一番举动，着实令人佩服。通过这样一种巧妙的方式，她达到了重新和好的目的。很显然，在这种情况下，一般的说理是很难奏效的，反倒是太太一句幽默的话语一扫丈夫心中的怒气，让两人言归于好。

还有那些在女人面前很"吃得开"的男人，不管长相如何，通常都有一套逗人发笑的本领。只要一与这种人接触，就可以立即感受到一股快乐的气息，使人喜欢与他为友。一个整天板着面孔，不苟言笑的“老古板”，是绝对不会受到女孩子欢迎的。

不少情感心理学研究者认为，男人由于平时比女人话少，所以男人语言的分量就更被女人所注意。不少男人也正是利用幽默的手段填补了自己语言的匮乏，所以他们的魅力便永驻于人们对他们幽默的回味之中了。

情景一：

妻子：“每次我唱歌的时候，你为什么总要到阳台上去？”

丈夫：“我是想让大家都知道，不是我在打你。”

情景二：

亨利的妻子临睡前絮絮叨叨的谈话令他十分不快。

一天夜里，妻子又絮叨了一阵后，问亨利：“家里的门窗都关上了吗？”

亨利回答：“亲爱的，除了你的话匣子外，该关的都关了。”

情景三：

驾车外出途中，一对夫妻吵了一架，谁都不愿意先开口说话。

最后，丈夫指着远处农庄中的一头驴说：“你和它有亲属关系吗？”

妻子答道：“是的，夫妻关系。”

情景四：

新婚之夜，新郎问道：“亲爱的，告诉我，在我之前，你有几个男朋友？”新娘沉默。

“生气了？”新郎想，过了片刻又问，“你还在生气？”

“没有，我还在数呢！”新娘回答。

家庭中夫妻争吵是一种普遍现象，在两人因为一点小事争得不可开交的时候，如果即兴来一两句幽默，往往会使形势急转而下，幽默的四两拨千金的作用就体现在这。以上四则故事中的夫妻均运用幽默恰到好处地表达了自己怨而不怒的情绪。丈夫用巧言抗议妻子的缺点、指责妻子的絮叨；妻子用夫妻关系回敬丈夫也是一头驴，用数不完的情人来指责新郎的无端猜忌，但其幽默的答辩均不至于使对方恼羞成怒。这些幽默的话语听上去自然动听，又诙谐有趣，能把幽默运用得如此恰到好处的人情商绝对不低。

许多夫妻都有过类似的经历，无谓的争吵随时都会发生，一旦发生又会因愤怒而很快失去理智，直至闹得不可开交，甚至拳脚相加。在日常生活中，我们常看到这种情景，在公共场合彬彬有礼的谦谦男子或女士，在家人面前同样也会为一些小事而大动肝火。有时即使是恩爱夫妻也不可避免，双方似乎都失去了理智，哪壶不开偏提哪壶，专揭对方的痛处、短处解气，唇枪舌剑，互不相让；及至冷静下来，才发觉争吵的内容原是那样愚蠢、无聊。

殊不知忍一时风平浪静，退一步海阔天空，多用幽默少动气不是一样也可占尽心理上的优势吗？一家之主的男人应该以幽默博大的胸怀包容妻子的一切不满，这是上帝在亚当夏娃时代便定下的规矩。

夫妻朝夕相处，天天锅碗瓢盆，始终相敬如宾反而是一种不正常的现象，有人戏称之为“冷暴力”。小吵小闹有时反而会拉近夫妻间的距离，同时也使得内心的不满得以宣泄，如果再佐之以幽默、机智的调侃，无疑会使夫妻双方得到一次心灵的净化，能保证家庭生活的正常运行。

总之，在两个人的世界里，幽默可以发挥令人意想不到的效果，它可以增进恋人之间的感情，调节气氛，制造亲切感，还可以消除疲劳和紧张感，使两个人都能够轻松、快乐地面对生活。所以，吵架了试着来点儿小幽默缓和气氛，做一对高情商夫妻，那么生活就会少一些烦恼，多一些甜蜜。

幽默是智慧的闪电，而非粗鄙的段子

幽默不是靠搜肠刮肚地思考，像挤牙膏一样挤出来的，而是自然而然地被你遇见，也可以说幽默的点一直在我们生活中，就看你能不能发现。为什么有的人看不到事情的幽默之处？为什么有的人幽默起来比冷笑话还冷？这与每个人的修养有关系。

幽默不是拙劣的搞笑，也不是粗鄙的段子，而是智慧的闪电，体现了一个人的思考力和情商——情商太低的人是不会幽默的，也很难体会到别人的幽默。

娱乐圈中，男明星公认情商最高的，要算汪涵。在台上，他统控全局，救场不是一次两次；在台下，上至捷克总统、丹麦首相，下至手艺人、木匠师傅都是他的朋友。能做到这些，那情商还真不是一般的高！

一次，他与陈丹青、梁文道、白岩松四个人一起参加图书发布会。在这场活动中，一位来自湖南的记者说："陈丹青老师好，梁文道老师好，我有一个问题想请问下汪涵……"

这位记者的提问让在场的观众们大笑起来，就好像是在说"两尺长的龙虾有吗？好，给我来盘清炒土豆丝。"虽然涨了汪涵的人气，却使另外两位老师有点被人"晃点"的难堪，这时，汪涵说："看吧！这就是我们湖南人，多娱乐啊！"

汪涵的一句话，化解了现场的尴尬气氛，也帮另外两位老师解了围。现场的观众不禁对汪涵的高情商很是赞叹，觉得他会做人、会做事，让人觉得很温暖、很窝心。情商、学识、临场应变能力，汪涵都是个中翘楚，从普通工人到了今天这样的汪涵，我们不得不给他点个赞！

汪涵在节目中曾访问过一位修道教的嘉宾。这位嘉宾上台后略显紧张地自我介绍道："大家好，我的道号叫常洪。"汪涵紧接着赞道："长虹（常洪）彩电，这道号好，这值钱！"台下哄然大笑，嘉宾也在这笑声中不知不觉地缓解了紧张的情绪，放松下来。

汪涵善于搞笑，可他对"搞笑"这个词也有一番自己的理解。他在解释"搞"字的时候这样说过："对于这个'搞'字，有人说我擅长搞笑，我一开始特别不能接受，但后来明白了会'搞'的人一定是个高手！我也就接受了。"其实会"搞"的人情商一定很高。

幽默是一种高情商的表现，具有幽默感的人到哪都受欢迎，幽默可以化解许多人际间的冲突或尴尬的情境，往往能发挥使人怒气难生，化干戈为玉帛的神奇作用。

某公司销售部为公司签订了一笔大单，部门领导很高兴，于是组织部门员工集体聚餐并且饭后一起去唱歌。在KTV，下属们给领导点了他最拿手的一首歌，于是领导兴致勃勃、声情并茂地唱起来。

就在领导唱到歌曲高潮的地方，正在点歌的小张一不小心点到了切歌，不知情况的其他人包括领导都朝小张这边看过来。那一刻小张感到天都要塌下来了，不过幸好小张头脑灵活，只见他假装一脸疑惑地看着同事们淡定地说道："怎么了，明明就是原唱啊，我听没人唱我就切了。"

小张知道因为自己的一时手误很可能引发领导对自己的不满，然而关键时刻，他就地取材，将自己的误点切歌行为顺势归咎为把领导的歌声当成了原唱，既为自己的失误找到了恰当的理由，又很好地恭维了领导的演唱水平，不得不说是一条妙计。

在人际交往中，很多时候会因一时失误而触犯对方，令自己处于尴尬的境地。大庭广众，当场无言，或多或少会给自己的形象带来负面影响，如果不及时弥补，将会贻笑大方或者使局面无法收拾。在这种境况下，想要摆脱尴尬，一方面是需要你具备临危不乱的心理素质，另一方面就需要你具有高情商的说话技巧来为自己解围。

幽默是自信的表现，也是善于处理人际关系的高情商表现。可以说哪里有幽默，哪里就有活跃的气氛；哪里有幽默，哪里就有笑声和成功的喜悦。

做自己的高端黑，笑对生活

有人说，说话的最高境界便是幽默，而幽默的最高境界是自我解嘲。自嘲也就是网络上比较流行的一个词——自黑。

与人交往的时候，你最担心的是什么呢？被别人讽刺贬低从而失了面子，相信没有比这更糟糕的事了。但我们都不是神，有时说话做事难免会落下笑柄，让不怀好意的人趁机对我们讥笑讽刺。其实，在这种情况下，我们大可不必生气抓狂，不妨学一学娱乐圈里那些长年累月被网友“黑”的明星们的做法——以自黑反击他黑。

在众多新生代女星中，杨幂可算是佼佼者。在无数影迷心中，她成了宅男女神，而在网上，杨幂也收获了不少争议，“唱功烂”“演技差”“整容”等负面声音一直不断。不过，对于经常被黑，杨幂心态很好，并学会了用自黑来应对网友的嘲讽，很多网友纷纷表示：从此路人转粉。杨幂俨然成了明星自黑逆袭成功的代表。

当初杨幂演唱《爱的供养》时，网友批她唱歌难听，而且骂声不断，有高端黑的网友站出来发声：“你们不要黑杨幂了，我这条命都是她救回来的。我因为一场惨烈的车祸昏迷了三个月之久。有一天，护士打开收音机，里面放着《爱的供养》，于是我爬起来把收音机给关了。”没想到杨幂自己接过话茬儿：“每一天，都希望自己过得有意义，比如没事做的时候就想唱唱歌，救救人什么的。”杨幂用自黑完爆了他黑。

后来，她又因微博“累了一天，脚有点儿臭”而被网友攻击“臭脚”。在平安夜当晚，有网友发文调侃称：圣诞老人悄悄爬进杨幂的房间，拿出礼物，打开袜子。就没有然后了。对于该网友调侃杨幂脚臭熏晕圣诞老人，居然吸引了一大票粉丝争相跟帖回应，更是纷纷燃起蜡烛为圣诞老人哀悼。

对此，身为微博控的杨幂居然也专程发帖回应了网友们的调侃，她写道：圣诞老人，你还好吗？圈内好友任泉随后则转发其微博并询问：缺氧！杨幂毫不示弱地回应称：爱的供氧。一来一去的回应充分显示了杨幂的自黑精神，身为当红女星对网友们的调侃丝毫不在意，更是敢于在微博自黑，让网友和粉丝们直呼太可爱。

自黑是一门艺术。什么是自黑？字面上的意思就是自己黑自己。自黑得漂亮，对个人魅力而言绝对是加分项。

女人脸皮薄，因此，大多数女人都不愿意拿自己开涮。其实，那些真正自信的女人是不在乎这些的，你可以说这是因为她们脸皮厚，但是脸皮厚也是需要乐观豁达的心态的。恰到好处的自黑不仅不会贬低自己，而且还会起到“黑到深处自然红”的效果。

吴宗宪出席台湾某电视台40周年台庆晚会时，他的发型颇像“鸟窝”，显得十分突兀。主持人戏谑道：“宪哥好帅啊！鹤立鸡群！”吴宗宪随即用幽默的口气说道：“我以为今天是来参加运动会的。”引来台下观众一阵笑声。他进而自嘲说：“自从我开了LED公司，我是上午当工人，下午当艺人，晚上不是人，每到晚上就累得人不人鬼不鬼了。”博得一片笑声和掌声。

在台上，吴宗宪因为自己的奇异发型遭到了主持人的调侃，他先是以幽默机智应对，说自己原以为是“来参加运动会的”，给自己一身“便装”出席如此重要的场合找到了合情合理的理由。接着，他进一步自嘲“人不人鬼不鬼”，既为自己解了围，又活跃了现场气氛。

不得不说，自黑绝对是一种具有强大自信心的表现，敢于自黑就不会再惧怕任何人对自己或恶意或善意的抹黑。当然，自黑本意也不是真的“黑”，而是在传达一个态度。不过，自黑虽为取悦大众，但也不能一味地将自己往死里黑。否则，你会被一黑到底，结果就变成了天然黑。

最高的情商叫自有分寸

开玩笑的人动机大多是好的，逗大家一乐，能够很好地活跃现场的气氛，特别是尴尬时刻，恰当的幽默更像一阵清风，能吹散凝滞不动的空气。但是，玩笑开得不好，则会适得其反，造成彼此尴尬，影响感情。所以，开玩笑是一种艺术，“开”得好叫幽默，反之则称作情商感人。

小马先天秃头，从小到大没少为此被人取笑。一天，大家在一起聊天，得知小马的发明专利被批准了，心直口快的小莉脱口说道：“你小子，真有你的！真是热闹的马路不长草，聪明的脑袋不长毛。”一句话逗得其他人哄堂大笑，但本来就挺在意自己秃头这件事的小马听后脸上一阵红一阵白的。

真正得体的玩笑是需要高情商来把控分寸和尺度的，开一些没分寸的玩笑，只会让人觉得你嘴贱，情商低。小莉原本只是出于好心想夸赞小马脑袋灵光，但因为一时口快刚好戳到了小马的痛处，好心没送出去，反而弄巧成拙，招致了对方的怨恨。

玩笑开得不好，对方心理就会不舒服。有些女生自认跟闺蜜情深似海，所以开起玩笑来无所顾忌，想开什么玩笑就开什么玩笑。但是，一旦玩笑开过了头，如果朋友愿意包容，那是你的福气；如果朋友为此疏远了你，那你只能怪自己口无遮拦，不懂得为朋友考虑。

幽默可以使人放松心情，以愉快开朗之心去应付复杂的人生。但是，讲述幽默笑话时，也必须注意时机、场合和听众，因为不是所有的幽默笑话都适合在各种场合讲给所有人听。发挥你的幽默感时，必须看场合和对象，最好避免粗俗的幽默，否则就不是幽默，而是闹笑话了。

幽默与刻薄常常因听者的心情与立场不同而产生不同反应。幽默可以使人欢笑，但若使用不当，也会使人不悦。

因此，一个“幽默高手”在讲笑语时，应顾及听者的心情与尊严，避免过度的讥笑与嘲弄，否则自以为幽默的笑话，一不小心擦枪走火，反而会冒犯他人，得不偿失。所以，西方哲人说：“幽默是用来逗人发笑，而不是用来刺伤人心的。”

跟上司开玩笑更得注意分寸。有些人喜欢玩黑色幽默，事实上，没有几个人是真正喜欢黑色玩笑的，因为这里面包含了太多的不尊敬和戏弄成分。跟上司开黑色玩笑，一不留神玩笑就会变成对上司的冒犯。

高蝶非常聪明活泼，言辞犀利，还有丰富的幽默细胞。无论上学还是工作，她都是身边人的“开心果”。尽管如此，她在一家公司已经工作三年了，仍然只是一名行政助理。到底是什么原因使她在工作上没有晋升，她自己也说不好。

有一天，高蝶向学心理学专业的表哥提到了这个问题，表哥问她：“你平时有没有在言辞上对上司不敬？”

高蝶一愣，心想她平时除了爱开玩笑，没有其他的毛病了，难道是她向上司开玩笑造成的？于是，高蝶想起了前几天的几个玩笑。

那天，上司穿了一身新衣服去上班，灰西装、灰衬衫、灰裤子、灰领带。同事都没有说话，只有高蝶大声喊着：“哎呀，穿新衣服了？”上司听了咧嘴一笑，她接着做个鬼脸，捂着嘴笑着说：“哈哈，像只灰耗子哦！”

还有周五的时候，有个客户来公司签合同。当上司签完字以后，对方连连称赞上司的字写得好，说：“您的签名可真气派！”高蝶正好走进办公室，听到称赞声后，一阵坏笑：“能不气派吗？我们头儿可暗地里练了三个月呢！”当时她注意到上司和客户的表情都很尴尬，不过她也没有多想。

现在仔细一想，好像问题就是出在这里。

开玩笑没有分寸的人大多是热衷于挑刺的人，这类人往往被视为“刻薄”，而刻薄的人通常没什么人缘。拿黑色玩笑来说，其实，黑色玩笑体现着一个人的人性弱点：面对一个人或一件事时会不自觉地挑刺。这是一种思维习惯。同样一句黑色玩笑话，也许你觉得没有什么，然而你的上司可能就会觉得问题很严重。正所谓“说者无心，听者有意。”所以，平时不管跟谁开玩笑，我们都要有意识地多提醒自己注意分寸，话出口前要先想一想是否合适。

女人跟男人开玩笑时，如果玩笑开得恰当会让对方觉得你俏皮可爱，但是，如果玩笑开得不当触犯了对方的隐私，或者驳了对方的面子，对方就会觉得你傻、没脑子。而女人跟女人开玩笑就更得小心了，开好了姐妹情深，开不好可能就会导致“友谊的小船说翻就翻”。因此，高情商的人在开玩笑时都懂得适可而止，掌握好分寸，做到得体含蓄，点到为止。

让生气的人笑着熄火，才是高情商

很多时候，人与人之间的隔阂在于沟通不到位。人们在充满负面情绪的时候，面对尴尬的时候，有突发事情需要解决的时候，受到刻意刁难的时候，总是会不由自主地拍案而起或大发雷霆。其实，这样的做法不但不利于解决问题，反而会使问题更加复杂化。

那么，有没有一种更好的方式既可以让人们充分地表达自己，又有利于问题的解决呢？答案是，用幽默的方法表达自己的看法。

一辆疾驰而拥挤的巴士突然急刹车，一位男士不慎撞在了一位女士的身上。该女士认为这位男士在揩她的油，鄙视道："什么德性！"骂声引来众多好奇的目光，该男士立即用幽默手段化解了尴尬。他是这样说的："对不起，小姐。但你也说得不对，我撞了你，这不是德性，是惯性！"全车乘客包括这位女士都忍俊不禁，于是人人释然。

当对方出言不逊时，我们不一定要针锋相对，用一句幽默而颇含深意的话以巧盖强，既让对方意识到自己的态度不好，又巧妙地给对方以回击，让其不能发作又有苦难辩；当别人有意挑衅时，用幽默的方式合理回避，一场毫无意义的争执便止于萌芽……

有一次，林肯正在演讲，一个青年递给他一张纸条。林肯打开一看，上面只有两个字："笨蛋"。林肯脸上掠过一丝不快，但他很快地恢复平静，笑着对大家说："本总统收到过许多匿名信，全都只有正文，不见写信人的署名；而今天正好相反，刚才这位先生只署上了自己的名字，却忘了写正文。"

幽默是一种语言表达方式，它融技巧性和轻松感于一体，让人们在诙谐与欢笑中解决问题。据说，美国的男子宁愿自己变成盲人或者少一条腿，也不愿意承认自己缺乏幽默感。虽然这种说法很无厘头，但却充分体现了幽默的重要性。如果人际交往是一门学科，我得承认，风趣幽默的人必然得高分。

幽默感是情商的重要组成部分，幽默的语言往往给人以诙谐的感觉，使人在笑意中有所领悟。幽默是缓解紧张、祛除畏惧、平息愤怒的最好方法。首先，你要运用情商和智商发现切入点，然后用幽默的话语加以包装，如此便可打造出一件性能优良的灭火器，帮你把别人或是自己胸中的大火灭掉。

一位可怜的、严肃的省议员觉得受到了别人的侮辱，他怒气冲天，迫不及待地想报复，但一时又找不到什么方法。结果，他的行为举止好像一个小学生一样幼稚：小学生往往会去找老师告状，要求老师惩罚他的敌人，这个议员则是去主席那里申诉。

这位议员来到省议会主席柯立芝身边，他相信柯立芝一定会替他当场主持公道的。但是，柯立芝却以一种非常幽默的方式把这件事解决了。

这位议员的纠纷以及柯立芝的解决办法是这样的。

当另一位议员在做一个很冗长的演讲时，这位议员觉得对方占用的时间太长，就走到对方跟前低声说："先生，你能不能快点……"话未说完，那位正在演讲的议员便回过头来，用严厉的口气低声呵斥他道："你最好出去。"然后仍旧继续演讲。

于是，这位受了委屈的议员走到柯立芝面前说："柯立芝先生，你听见那个家伙刚刚对我说的话了吗？"

"听见了，"柯立芝不动声色地答着，"但是，我已经看过了有关的法律条文，你不必出去。"

这一回答实在是太聪明了。柯立芝把那位议员的愤怒当成了玩笑，而并没有让自己卷入这种儿童式争吵的漩涡中去。如果柯立芝也采取一种较真的态度，那对于大家又有什么好处呢？无非是更加激化双方的矛盾。由于采取了一种幽默的语言和宽容的态度，柯立芝大大缓解了那种伤感情的纠纷，从而制止了进一步的争论。

能从白热化的僵局中看出其中所包含的幽默成分，就可巧妙地避免麻烦和纠纷，学会这一点对于为人处世来说十分必要。因为在平时，经常会有闺蜜、亲戚甚至同事跟你抱怨发生在他们身上的不愉快的事，这时候如果你顺着对方一起抱怨那些无聊的鸡毛蒜皮的事情，暂且不说对方向你倾倒完苦水后是否能够心情舒畅，你自己在无意识中接受了那么多负面信息，对你的情绪肯定是有影响的。所以，会用幽默的话语巧妙地逗对方一笑，不仅自己不用听那些没完没了的抱怨，也能让对方坦然释怀，岂不是两全其美。

在上海浦东召开的一个活动现场，某位明星迟到 20 多分钟仍没有任何消息，台下观众很是生气。主持人董卿多次上台解释，但台下的观众还是怒气难平，很不耐烦地说："董卿，你唱一个吧。"听了这话，董卿立刻非常幽默地回答道："不行的，主持人是说得比唱得要好听。如果今天我唱了，明天各大报纸会说董卿说不好，只能现场卖唱了。"台下观众露出了会心的笑容。

作为一个有经验的主持人，董卿发挥了她的幽默长项，用一句玩笑话稳住了观众的情绪，分散了观众的注意力，有效地消除了突发情况给观众带来的负面影响，平息了他们的怒气。

无论是草根人物还是拥有雄才大略的伟人，难免会有动怒的时候，而一旦动怒，无论程度如何，都会让人措手不及，陷入尴尬。如果不能及时、巧妙地化解，必将留下遗憾，在人际交往中留下不好的印象，甚至会影响双方的感情。

作为一个普通人，即使你没有专业主持人那么能说会道和随机应变，但也应该做到冷静处理问题，用幽默的巧劲儿平息他人的怒气，让对方反怒为笑。这不仅可以及时化解尴尬、减少人际交往中的不愉快，还能更好地维护双方的友好关系。同时，在他人看来，你能用幽默平息他人怒气，一定是个有智慧、能包容的高情商者，周围的人也一定非常愿意和你成为朋友。

尴尬时“幽自己一默”

“浓缩了的都是精华”，看过潘长江小品的朋友一定对这句话不陌生。当潘长江在小品中因为个子矮成为笑点的时候，他便来了这么一句自嘲式的调侃，而正是这样的调侃，往往会获得观众最热烈的掌声。

自嘲是一种精神，这种精神能使人有着更轻松的生活态度，不再去患得患失、锱铢必较。

著名主持人杨澜在一次采访中说到自己的某次经历。那次，她应邀去广州天河体育中心主持第九届大众电视“金鹰奖”颁奖文艺晚会，演出中途，在一次报幕退场的时候由于灯光有些暗，她看不太清面前的台阶，虽然已经很小心了，但还是被绊了一下，大概是穿旗袍和高跟鞋的缘故，身体瞬间失去平衡，“扑通”一声，着着实实地摔了一跤，顺台阶滚了下去。这个洋相出得可不算小，全场顿时嘘声四起，一片哗然。

在这令人极为尴尬的情形下，只见杨澜不慌不忙地站起来，带着她那招牌式的笑容对观众说：“真是‘人有失足，马有漏蹄’呀！我刚才的‘狮子滚绣球’节目演得还不够熟练吧！看来，这演出的台阶不那么好下呢，但台上的节目会很精彩的。”台下顿时爆发出热烈的掌声。

杨澜此刻的自嘲真是恰到好处，虽然自己的失误在观众面前出了洋相，但她并没有在此刻去计较自己的形象，而是用一种自我嘲笑的方式让自己摆脱了窘境。这种大度的表现，恰恰也让他人看到了她的豁达和坦诚。

我们常常会遇到这样的人，如害怕病魔般拒绝着自嘲，认为这会损害形象，与他们的生活目标相违背。其实恰恰相反，自嘲不是妄自菲薄，更不是自取其辱，适当的自嘲不仅能改变困境，更能体现出自信，它可以让我们在身处困境的时候顺利地找到台阶走下去。

一个敢于开自己玩笑的人才有资格去开别人的玩笑，如果在面对一些自身原因造成的缺陷时，遮遮掩掩反而会欲盖弥彰，只有大方地去承认和面对，才愈发地显示出你的自信。比方说，你的个子不高，你可以学潘长江那样来一句“浓缩了的都是精华”。

60 年代我国著名乒乓球运动员徐寅生曾在一次很有影响力的关于乒乓球的讲话中，指着自己脸上的痣略带调侃地说：“大家常说我打球时是‘智多星’，其实我只不过是脸上多了几颗痣而已。”这种把别人的赞扬和自己的缺点联系起来的做法，不禁让人拍手叫好。正是这样的自嘲，不仅没有让缺点在遮遮掩掩中被放大，反而呈现出一种以自信的姿态去面对缺点的态度。

有的时候，自嘲又可以把自己的真实处境说出来，让听者更好地了解自己的处境。二战历史上有这样一个故事：

二战期间，处于困境中的英国首相丘吉尔来到美国华盛顿会见罗斯福，请求美国对英国给予物资援助，以便共同抵抗法西斯德国的“铁蹄”。

丘吉尔受到热情的接待，被安排住进白宫。第二天早晨，丘吉尔躺在浴盆里边享受着温水浴边抽着他那特大号的雪茄烟时，门开了，进来的正是美国总统罗斯福。罗斯福看到丘吉尔那露出水面的肚子及微微发福的身体，觉得非常尴尬。

不想，丘吉尔扔掉烟头，不慌不忙地说道："总统先生，我这个大英王国的首相在您的面前，可是一点儿也没有隐瞒。"两人都笑了，似乎一切问题也都在这善意的笑声中解决了。此后，谈判进行得异常顺利，英国从美国那里得到了他们想要的援助。

说到这次谈判的成功，应该得益于丘吉尔在浴缸中的那句自嘲。正是那句自嘲，不仅说出了他本人当时的窘境，也道出了当时英国在战争中捉襟见肘的处境。他这样一句善意的自嘲，不仅化解了当时的尴尬，也让美国总统了解了他内心的想法，之后的谈判，自然变得更加容易了。

一个敢于自嘲的人，才是真正了解自己缺点的人。敢于自嘲，正说明了你的自信，一种敢于把缺点展露出来的自信。只有这样的人，才会在生活中更好地体现自己的价值。

遇见摩擦，不妨说说好话

大的争斗都是从小的摩擦开始的，小到人与人之间的打斗，大到国家之间的战争。比如，著名的洪都拉斯和萨尔瓦多之间的战争，就是由于足球迷间的冲突而引起的。尽管这场富有戏剧性的战争仅仅持续了100多个小时，但双方总计死亡人数竟趋近4000人，经济损失超过5000万美元。两国的武装冲突也给周边地区带来了极大的影响，迫使中美洲共同市场陷入瘫痪，双方的贸易完全中断，边境冲突不断，航空飞行也中断10年之久。

这或许听起来很好笑，两国之间的战争在旁人看来像是有着深仇大恨，不然不至于大动干戈。可是，这场战争只是开始于一群球迷的骚乱，的确让人大跌眼镜。

仔细想想，我们周围的争执和冲突，不都是从一些不起眼的小摩擦开始的吗？往往就是这些小的问题处理不当，才会造成更大的冲突。

当这些小摩擦出现的时候，我们就应该认真地对待，不要等到事情一发不可收拾的时候才鲁莽地去面对，尤其是当一些可能引发冲突的情况发生时，我们应立即采取机智的方法去化解，防患未然。

在清代小石道人编写的《嘻谈录》中有一则《恭喜也罢》的故事，也许看过之后能给我们很好的启发：

有三个邻居同住在一个院子里，正巧住在左右两侧的人家都生了小孩，院子里自然洋溢着喜庆的气氛。

这日，住在中间的那户人问左边的邻居："你家生了什么？"

左边的邻居回答说："生了儿子。"

这人说道："恭喜。"

接着他又问右边的邻居："你家又是生了什么呢？"

右边的邻居回答说："生了女儿。"

这人说："也罢。"

右边的邻居听到后脸上挂不住了，不开心地说道："人家生了儿子，你说'恭喜'，我家生了女儿，你却说'也罢'，未免也太势利了吧。"

这人自觉失言但一时也不知道怎么去弥补，对方此时已经怒不可遏了。正巧外面锣鼓声响起，原来是一个官太太从这里经过，于是这人用手一指告诉邻居："你看那不是四个'恭喜'抬着一个'也罢'来了。"巧妙地化解了对方的怒气。

正如这个故事所讲，如果这个时候已经露出了冲突的苗头却还不及时地去化解，一场邻里之间的矛盾不可避免。幸好这人聪明地一转，巧妙地化解了这场摩擦。

英国作家狄更斯也遇到过类似的事情。有一天，他正在湖边钓鱼，这时，一个陌生人走到他跟前问："怎么啦，你在钓鱼？"

"是啊，"狄更斯毫不迟疑地回答，"今天运气不好，钓了半天，一条鱼也没有钓到，不像昨天，也是在这个湖边，却钓到了 15 条鱼！"

"是吗？"陌生人笑着问道，"那你知道我是谁吗？你看看那边的牌子。"

狄更斯往他指的方向看去，一个牌子上写着"禁止钓鱼"。

“我是专门检查钓鱼的。”那人接着说道，从口袋里掏出一本发票簿，要记下名字罚款。见此情景，狄更斯急中生智，连忙反问：“那么，你知道我是谁吗？”

那个人显然不认识他，一脸疑惑，狄更斯也笑着说道：“我是作家狄更斯，你不能罚我的款，因为虚构故事是我的职业。”

大多数人碰到这样的情况，都会认为一场争吵在所难免了，遇到脾气暴躁的，拳脚相加都有可能，而这个时候耍耍嘴皮子，让拳头歇一歇，何乐而不为呢？

Part 3

真正的高情商，不是虚伪，而是温暖

——把对方放在心上，“良言”就不会变成“恶语”

没有尊重的直爽就是没教养

我们周围总有些人自诩为“直性子”，说话不经过大脑，想到什么说什么。说话直白并没有错，但是这里有一个很重要的前提，就是要尊重别人，打着“心直口快”的幌子去无所顾忌地伤害别人，那叫自私。

低情商的人，说话做事不知道换位思考，有时是好心想帮助别人，但是说出来的话带刀带刺，一片好心却让人觉得满是“恶意”。这时候被关心的人若是再为此而表现出不满的意思，那么就会被指责说“狗咬吕洞宾，不识好人心”，搞得双方都不开心。

一次聚会，宁宁抱怨说在竞争激烈的公司存在感太低，同事当她打杂小妹，上司视她可有可无，升职加薪的空间十分有限，所以想趁着年轻，慢慢转行做投资者关系管理。宁宁认为，在金融行业发达的香港，这个工作门槛低、前景广，做得好的话佣金也十分可观，只要自己努力储备人脉，不愁没有出头的那天。

大家的鼓励之词还没有说出口，就听到旁边以业内人士自居的胜男突然拔尖了嗓子开始絮絮叨叨发表意见：“投资者关系管理类的工作不适合你啊，你看你性格内向，朋友少而且都不是金融圈的人，不像我，朋友都是搞金融的，一入职就可以带关系甚至带资金进公司。而且你也做不来这么专业的工作，你学新闻的，平时也就写写新闻稿，我估计你连财务报表都不会看吧。”

气氛瞬间尴尬了起来，宁宁抽抽嘴角，低下头看手机。这时候，有姐妹出来打圆场：“投资者关系管理不一定要看财务报表嘛，而且宁宁的人脉其实很广，虽然目前金融圈的朋友不多，但是朋友介绍朋友，慢慢不就多了嘛。”

结果，胜男并没有顺着台阶下，反而开始补刀：“我说的是实话啊，她什么都不会，与其让宁宁接连碰壁，最后什么事都做不好，还不如现在打消她的念头呢，一般半路出家的都成不了事。”最后，她还不忘补上一句：“我这人说话直，你别介意啊！”

宁宁听后愤而离席，胜男见状还一脸委屈地说：“我说这些是为她好，她干嘛不领情走掉了。”其他姐妹听完这句话后全都无语了，结果饭局不欢而散。

是宁宁玻璃心吗？当然不是，胜男的这番“好意”任谁都觉得不像是在提建议，倒像是在通过贬低宁宁来抬高自己。所以说，情商高不只体现在能把难听的话说得动听，还包括把善意的话说得能听，像胜男这样的“好意”谁敢领受呢？

其实，哪有什么“说话直”，分明就是情商低么。说一些毫无建设意义的风凉话，不代表你就是一个真性情的人，它只说明你素质不高没教养。

有些人说话前不考虑别人的感受，说完之后发现说错话了就以“我说话直，你别介意”为借口替自己开脱。试想一下，人家凭什么不介意。你的“直爽”是让你一吐为快了，但是为什么别人感觉不爽就得忍着。

说话是讲究艺术的，你的“良言”一旦以一种错误的方式表达出来，甚至比“恶语”更让人气愤。这就好比是拿一团屎塞人嘴里告诉人屎是臭的，你说谁愿意接受？

所谓的“心直口快”都应该是建立在互相尊重的基础上，而不是由着自己的性子、情绪想说什么就说什么。没有尊重的直来直去不是直白，而是没教养。

说话时把对方放心上，时时刻刻考虑你说的话会不会给对方造成不必要的伤害，你的这份尊重虽然没说出来，对方也会感觉到，因为你的话语里有满满的温暖。

安慰的话要加一点儿希望的料

生活中，我们都会遇到这样的情况：家人失业了、好朋友失恋了、同学考砸了等，他们的内心非常痛苦。作为家人、朋友、同学，你非常想帮助他们，分担他们的痛苦，就算行动上帮不了什么忙，所谓“良言一句暖三冬”，言语上的安慰有时候也能让他们心里好受一些。

但问题是，你真的会安慰人吗？在安慰朋友时，往往会遇到这样的问题：我们确实能理解对方的心情，也懂对方的难过，但当我们想要表达对他们的安慰时，又不知道该说些什么，该怎么说。有时候，我们甚至会适得其反，反而让对方觉得我们站着说话不腰疼。

以下的错误方式，你是不是也犯过呢？

一个闺蜜来跟你抱怨自己是剩女，嫁不出去。

◎低情商安慰方式一

“我很同情你，是啊，一个人要是生病了都没人照顾。哎……”再投以一个同情的眼神。

——同情？呵呵，你过得是有多好啊，我需要的不是你在这里衬托我有多凄惨，不是在这里雪上加霜！

◎低情商安慰方式二

“不要抱怨了亲，抱怨是没有用的，打起精神来，多参加相亲活动吧……”

——真冷漠，你在埋怨我做的不对吗？你以为我不知道抱怨没用么，你以为我不想打起精神么！

◎低情商安慰方式三

“对啊，你说的我也怕怕的，要是到四十都嫁不出去我觉得天都要塌了……”

——好吧，看来需要我反过来安慰你了！

那么，高情商的安慰方式是怎么样的呢？还是上面这个话题，如果你像下面这样回复，最终的安慰效果肯定会不一样。

嫁人不是人生的终极目的。人生应该是多种多样的：有的人遇到了合适的人，建立起美好的家庭；有的人遇到了合适的人，两个人却永远在享受谈恋爱的过程；还有的人没遇到自己合适的人，一直在寻找；也有的人没遇到自己合适的人，随便找个人嫁掉。每个人都有自己的追求和需要，不能总是拿“剩女”这种可怕的名词来恐吓自己和他人。清楚自己的需要，不需要学习别人或者向别人交代。自己的人生跟自己交代清楚就好。

虽然你的话并没有给朋友提供实质性的解决方法，但是你向对方传递了一种淡然于心、从容于表、优雅自在地生活的观念，这样就可以帮助对方以积极、乐观的心态面对问题，面对生活。这不就达到安慰的目的了吗？

一个夏日的傍晚，一位少妇投河自尽，被正在河中划船的船夫夫妇救起。船夫的妻子关切地问道："你年纪轻轻，为什么要寻短见呢？"

少妇哭得很伤心，说："我才结婚一年，丈夫就抛弃了我，活着还有什么意思呢？"

"那我问问你，你一年以前是怎么过的呢？"船夫妻子问道。

少妇回忆起自己一年前的美好时光，她眼前一亮："那时我自由自在，无忧无虑，对生活充满了希望。"

"那时你有丈夫吗？"船夫妻子又问。

"当然没有啦。"少妇答道。

船夫妻子说："那么你不过是被命运之船送回到一年前，现在你又自由自在，无忧无虑了，为什么还要寻短见呢？"

少妇想了想，说："这倒是真的，我怎么会和自己开了这么大一个玩笑呢！"说完，她又重新充满了希望。后来，少妇和船夫一家人成为了很好的朋友。

人在悲伤的时候，总会认为未来的生活毫无希望，从而对生活丧失兴趣。故事中的船夫妻子让少妇回忆过去的美好生活，让她明白生活中还是有很多让人快乐的事情，重新点燃了她对生活的希望之火，鼓励她积极乐观地面对婚姻的变故。

有时候，再多的言语也比不上实际的行动。在朋友失意时，表示愿意为其做一些力所能及的事情，比起那些"别难过""别担心"的话更能够让对方感受到你的关心，这也是一种很窝心的安慰方式。

几万条骂你？不满意，等几十万再来——跟郭德纲学安慰人

遇到朋友失意的时候，我们总会说一句“塞翁失马，焉知非福”。确实，任何事情都具有两面性，有时候我们失望、难过，只是因为我们被迎面而来的打击蒙蔽了双眼、失去了面对挫折的勇气，一味沉浸在痛苦之中不愿自拔，因此也就看不到事情好的那一面。也可以说这是因为“当局者迷”，所以我们在安慰他人时就要以“旁观者清”的理性思维帮失意者发现事情好的方面，一语点醒梦中人，让对方在心理上得到慰藉和鼓励，从而充满信心地面对挫折。

前段时间，岳云鹏因在大型明星户外励志体验真人秀节目《了不起的挑战》中表现不佳而被观众批判，岳云鹏感到很委屈。于是，岳云鹏打电话给师父郭德纲，想倒倒苦水，求点安慰。

电话通了，岳云鹏直言不讳：“师父，最近有网友骂我，我心里特别扭，心情低落，我不知道怎么调整心态和状态。”

郭德纲听了，咯咯一笑，问：“你给我说说有多少条骂你的？”

岳云鹏如实回答：“有几万条吧。”

不料，郭德纲不屑一顾地说：“才几万条啊，还差得远呢。这个数不能让我满意，等几十万条的时候再来找我吧。”

岳云鹏不禁一愣，师父这话是什么意思？不仅不安慰我，还幸灾乐

祸，希望有更多的网友来骂我。

正纳闷间，郭德纲安慰道："做艺人的不挨骂就没有道理了。褒贬是买主，喝彩是闲人。好多人骂你也不是真骂，就是骂着玩儿而已。不同的人站在不同的位置对你有不同的看法。人参果再金贵，猪八戒嚼着也跟萝卜似的。看着徒儿你被人骂，我很欣慰，说明你红了。要是你不红，哪有这么多人知道有你这个人，哪有这么多观众会来骂你啊！希望你早点独立起来、成长起来，为我们献上更多的笑点。"

岳云鹏听后心里暖暖的，也轻松多了，敞亮多了。

郭德纲对岳云鹏的这番安慰话真可谓独具匠心，他没有直截了当地安慰对方说"哪有艺人不被骂"或者"不用把那些话放心上，做好自己就行了"等等空泛的话，而是抓住艺人都希望得到更多人关注的这一心理，巧妙迂回地安慰对方——被骂说明你的知名度高了，受到更多人关注了。这既让岳云鹏懂得了"艺人挨骂是常态"的道理，有了一种"任尔东西南北风"的积极乐观精神，又令他感受到"红了"的荣耀感和成就感。

要想把安慰他人的话说到对方心里去，并且起到积极的作用，很重要的一点就是，要准确把握对方的受伤心理，用有针对性的安慰话语解开让对方失落、难过的缘由，让失意者觉得没必要再痛苦下去。这样的安慰才是高情商的安慰，那些驴唇不对马嘴的或者放在任何情况下都适用的"万金油"式的安慰话说了跟没说一样。

上大四的小孙恋爱三年了，前不久女朋友不知何故跟他分手了。小孙很伤心，整天精神恍惚。辅导员李老师知道此事后，专门找他谈话。李老师一见面就说："我知道你失恋了，我是特意来向你道贺的！"

小孙很生气，转身就要走。

“难道你不问问为什么吗？”

小孙停下来，等着听李老师的下文。

李老师说：“大学生都希望自己快点成熟起来，而失败能有效加速人的心理、思想进一步成熟，难道这不值得道贺吗？大学生的恋爱大多数属于非婚姻型：一是大学生在学习期间不大可能结婚；二是很难预料两人将来能否在同一个城市工作。随着时间的积累，人慢慢成熟了，就有可能重新考虑对方，恋爱变局也就悄悄发生了。应该说，这是大学生心理成熟的一个重要标志。你这么放任自己的感情，是心理成熟还是不成熟的表现呢？

“另外，越是临近毕业，大学生越倾向于用理智处理爱情。这时，感情是否稳定，性格是否相投，理想和追求是否一致，学习和工作是否互助互补都会成为择偶的标准，双方的家庭也会成为重点考虑的条件，这就是择偶标准的多元化。这种标准多元化更是大学生心理逐渐成熟的表现，也符合普遍规律。马上就要毕业，前面还有很多事情需要你去做，你不能意志消沉，停下脚步，现在还不是你可以伤心难过的时候。老师对你的期许，你能明白吗？”

说到这里，小孙的表情马上由懊恼变得坚毅了。

李老师先设置悬念——“祝贺你失恋”，把小孙从感情的泥沼中拉了出来，然后通过合情合理的分析，通过畅想未来，鼓舞斗志，唤醒他的理性思考，多次用“大学生失恋不一定是坏事，而是心理成熟的标志”的观点来加以点拨，将对方的关注点由眼下的痛苦转移到未来要做的事情、未来的美好上，从而点燃他的斗志。

安慰的话怎么说才算是高情商的表现，关键是要能够站在旁观者的角度看待他的“失败”，然后从中找到对于他来说“成功”的地方，并以此来点醒他，这样就能唤醒失意者勇敢面对挫折的意识，然后慢慢从困境中走出来。

说点你的悲惨事，让他治愈一下

人在伤心难过时会有这样一种心理：如果发现有人曾经遭遇过比发生在自己身上的事还要惨的状况，那么他们的心情就会轻松一点儿。这个就是比谁惨嘛，大家都会。因为他们会想，比自己的情况还糟的人都能够勇敢地面对问题，走出困境，那么他们也可以。这也是一种安慰方法，用自己的亲身经历告诉对方，一切都会过去的。

但是，使用这种方法前你必须确定对方是来找安慰的，还是来倾诉的。如果对方只是来倾诉的，你负责认真倾听就好，让对方说，不要打断他，把自己的情绪调到和他共振的模式，添油加醋地附和两句就好。否则就算你把自己说得再惨，对方也听不进去。如果对方真的是来寻求慰藉的，你就要考虑对方的心理需求，确定对方情绪稳定，愿意听你说，这样才能真正起到安慰的作用。

小罗毕业之后进入一家公司，很喜欢行政部女同事小恬。因为是职场新人，所以小罗经常就工作上的问题请教小恬，两个人慢慢熟络起来，小恬还经常做便当给小罗。公司其他同事都知道小恬跟老家一个很有钱的男生关系暧昧，就劝小罗一定要小心。

但俗话说“当局者迷”，对于同事们的好意提醒，小罗却不以为然，说小恬已经告诉他了，她跟那个男生只是一般的朋友关系。虽然刚参加工作没有积蓄，家境也不富裕，但是小罗能力突出深得老板信任，前途可以说一片大好，所以他很自信能够给小恬幸福。

这种状态维持了半年。突然有一天晚上，小罗垂头丧气地回到公司宿舍，什么也不说就躺到床上，整晚辗转反侧睡不着。第二天一大早，几位同事问他怎么回事，小罗伤心地说小恬昨晚约他出去，说从来没喜欢过他，她已经有男朋友了。

同事们听后就七嘴八舌地教训小罗，说他早就应该听大家的劝，弄到今天是活该。只有小王默默地听着没说什么。

过了两天，小王看小罗的情绪一直很消沉，工作劲头大不如前，于是午饭的时候他把小罗约到一个饭馆，点了两瓶啤酒，一边吃一边聊。

小王先开口，他没有说安慰小罗的话，而是先讲了自己之前的一段感情经历。小王和当时的女朋友是青梅竹马，大学填志愿时，小王为了能跟女朋友离得近点儿，本来可以去重点大学的，却选了和女朋友同在一个城市的二本院校。后来大学毕业后由于各种原因，两人没能在同一个城市工作，但小王隔三差五就去女朋友工作的城市看她。可是天不遂人愿，工作半年后，小王女朋友跟自己的上司好上了，于是跟小王提分手。尽管小王尽一切努力想让女朋友回心转意，但都于事无补，小王说那一阵自己甚至想过自杀。小罗静静地听小王讲完，眼圈都红了。

小王告诉小罗，感情的事不能强求，不属于自己的终究会离开，而命中注定的那个人肯定会在某个地方等着你。小王跟现任女朋友已到了谈婚论嫁的阶段，感情特别好。所以他劝小罗，不要因为错的人而放弃追求幸福的希望，应该打起精神继续往前走，去跟自己命中的另一半相遇。

一顿饭吃完，小罗的心情好多了，决定不再消沉下去而是要更加努力工作，因为这样才能给未来的她更好的生活。小罗和小王的哥们儿情谊也因为这次推心置腹的交谈而更加深厚了。

能在合适的时机，跟失意的朋友聊一下自己曾经有过的相似甚至更糟的经历，给对方面对困难的勇气，那么这样真诚的安慰不仅可以抚慰对方受伤的心，而且还能使双方的友谊更加坚固。

有的时候，最好的安慰甚至不在于言辞，而是用行动表示我和你在一起，就像下面这个故事中的男同学那样。

很多年前，有一位女孩子，刚刚失去了自己的至亲。那是个冬天的夜晚，家里进进出出都是帮着办丧事的人。她独自一个人跑到后院，坐在一张条凳上，看着院子里光秃秃的柿子树发呆。

这时，一位平常和她很少说话的男同学走了进来，和她并排坐在条凳上。她以为他又要说那些安慰的话语，它们已经多到让她感到厌倦，所以她没有开口。那个男同学同样沉默不语，两个人就在冰冷的冬夜里并排坐了很久。

最后，还是那位男同学打破了沉默，他指着面前的柿子树说："这柿子甜吗？"她不知道为什么，就顺着这个话题开了口。于是，两个人讨论了半个小时的柿子，一直讨论到明年春天是否应该修枝嫁接一类的事情。然后，那个男同学起身道别，自始至终没有说一句悼念和安慰的话。

二十多年后，每当那位女孩子回忆起那一幕，都觉得那是她有生以来得到的最温暖的安慰。

这世上很多事情并不在我们的掌控之中。不好的事情发生了，比如亲人因病去世，作为家属的当事人肯定会非常痛苦，但却无能为力。在这种情况下，任何安慰都是不起作用的，我们能做的只有静静地陪着他，感受他的悲伤、他的情绪，握住他的手，给他一个拥抱，让他知道无论发生什么，他都不是一个人。

如何安慰别人是一门艺术，更是一门学问。如果你在安慰人这方面不是很擅长，那么就多看看、学学别人是怎么做的吧。

得意时，说话一定留三分

英国著名社会人类学家凯特 · 福克斯在其著作《英国人的言行潜规则》里专门讲了一条，如果你想炫耀自己的成功，一定要附送你的糗事，以化解你的成功给别人带来的尴尬，同时预防嫉妒。因为在你的听众里可能有这样的人，他们的努力并不比你少，但却因为机会或其他原因而总是郁郁不得志。

所以，如果你一定要讲“我终于拿到了这家国企的offer”，那么请加上“被呼来唤去的三个月实习经历，真是用当牛做马来形容也不为过”；如果你一定要讲“我家刚买了栋别墅”，那么请加上“我这个土鳖给楼梯也上了蜡，搬进去第一天就摔了个狗吃屎”……自己得意时也不忘照顾他人的自尊心是一种难得的高情商处事方式，同时也体现着一个人良好的修养。

有一个女生刚调到市人事局的那段日子里，在同事中连一个朋友也没有，她自己也搞不清楚是什么原因。

后来，还是当了多年领导的老父亲点醒了她，她这才意识到自己的症结到底在哪里。原来，她认为自己春风得意，对自己的机遇和才能满意得不得了，几乎每天都使劲地向同事们炫耀她在工作中的成绩。但同事们听了之后不仅很少有人愿意分享她的得意，而且有些人还一脸的不屑。

接下来，每当她与同事闲聊时，她总是让对方把自己的得意事儿说出来，并乐意与其分享，而且还常常会说一些自己的糗事来热闹一下气氛。久而久之，她的同事们都成了她的好朋友。

你的得意之事可以在演讲时谈，证明你卓越的才能；可以对你的员工谈，享受他们钦羡的目光；也可以对你的家人谈，让他们以你为荣，引以为豪。但是，切记不要对失意的人谈。因为失意的人最脆弱，也最敏感，任何话都很容易触发他们内心的失落感。你的每一句得意之言都会在他心中形成鲜明的对比，你的谈论在他听来都充满了嘲讽的味道，让他自惭形秽。

如果你发现自己不小心在失意的人面前表现得过分得意，就要赶紧想法表示歉意并安慰对方，以免给对方造成更多的心理伤害。

一个周末，凯南约了几个要好的朋友来家里吃饭，主要目的是借着热闹的气氛，让一位目前正处于人生低潮期的朋友心情好一些，希望他早点从低谷中走出来。

这位朋友在不久前因经营不善，关闭了自己苦心经营多年的公司。他的妻子也因为不堪生活的重负，正与他谈离婚的事。内外交迫，他实在痛苦极了，对生活也失去了信心。

所有到场的朋友都很同情这位朋友目前的遭遇，也非常理解他现在的心情，因此大家都避免去谈那些与事业有关的事。但是其中一位朋友张强刚刚赚了很大一笔钱，按捺不住内心的喜悦，几杯酒下肚，就忍不住开始大谈他的各种引以为豪的抢单经过。张强那种得意的神情，连凯南看了都很不舒服。那位失意的朋友沉默不言，心中的苦涩全写在了脸上，一会儿去拿东西，一会儿低头抽烟。

凯南实在看不过，于是找借口把张强叫到了厨房，很严肃地提醒他，他的话已经伤害到了那位心情失落的朋友。这时张强才猛然惊醒，为自己的酒后失言深感惭愧。

回到酒桌后，张强十分感慨地聊起了自己创业过程中的各种心酸糗事，一次次碰壁，一次次失败。最后，他很真诚地对那位失意的朋友说：“没有过不去的坎，大家都是在泥水里摸爬滚打过来的，一切都会好起来的。”那位失意的朋友听后眼圈微微红了，他明白张强的意思，一口干了杯中的酒表示谢意。

不要在他人面前滔滔不绝地谈论自己的得意事，要把自己的得意事放在心里，把别人的得意事挂在嘴边，谦虚做人，这才是高情商的表现。铭记这一点，你就不会被人讨厌，而是会让自己的人生多一条坦途，少一分牵绊。

分享荣耀的时候，要提到别人

情商高的人都明白一个道理：没有人能独自成功，在取得成就的时候，一定要把荣誉的蛋糕多切几块送人。让别人分享你的荣誉，会让你取得更大的成功。如果总是自己独享胜利的果实，就会让身边的人丧失合作的积极性。

一位销售主管所负责的部门这个月业绩突出，该部门的销售总额超出了同级部门的两倍还多。按照公司相关规定，主管按业绩提成，得到了一笔可观的奖金。老板也因为有这样一位得力助手而感到非常高兴，于是决定在公司内部开个表彰会，并把他推为大家的榜样，让他当众演讲，以此激励其他员工努力工作。

这位主管在演讲中把自己部门的业绩全部归功于自己调配人员的技巧、处理大订单的果断和如何辛苦加班等，自始至终没有提及一句感谢同事、下属之类的话。

会后，下属和同事们开玩笑要他请客庆祝，他一脸不屑，毫不客气地说："我得奖金，你们用得着这么开心吗？下次我会拿更多，到时再说吧……"

可是等到下个月，这位主管不仅没有拿到一分钱奖金，还因为没完成销售任务而被扣掉了部分工资。更让人奇怪的是，他的下属越来越懒散，就连老板也对他冷淡了许多。

由此可见，当你在工作中做出一些成就时，千万要记得别独享荣耀，否则这份荣耀就会给你带来人际关系上的危机。功劳的确可以凝聚别人羡慕的目光，可以给自己带来很大的成就感，但是你只想把功劳一个人占尽，企图让光环仅围绕自己一个人转，那就不是自私而是愚蠢了。“见不惯别人比自己好，更见不得别人抢自己的好”，是人性的一大弱点。

独自贪功就是抢别人的好，这不仅会给自己带来许多坏处，甚至还会引火烧身，激起公愤，最终害人害己。谨记这个忠告，你会受益无穷。工作上取得了成绩，升职了，加薪了，不妨和同事们庆祝一番，对老板说声“谢谢”，对下属的配合与支持表示真诚的感谢，甚至是那些嘲笑过你的人，也要因他们给了你前进的动力而有所感谢，让大家一并与你分享快乐。

假如你真的这么做了，相信你会有惊奇的发现——你身边的人扶持着你走向了更高的位置。因为你给自己带来荣誉的同时，也给他们带来了荣誉。你主动把高帽子馈赠给了别人，别人也会反过来维护你和支持你。

说些软话，避开针锋相对

不管是生活中还是工作中，有的时候你知道是对方做错了，你当然可以指出他的错误，但是话如何说才能避免引发一场口舌之战，就要看一个人的说话水平了。如果是因为没有讲究方式而造成跟同事、家人、朋友关系的紧张，就要考虑自我调整。有时候你只要转换一下表达方式，将刺耳的“多管闲事”转换成善意提醒的软话，效果就会好很多。

孙倩在职场上已经“浮沉”了好些年，也遇到过各种各样的人和事，本来应该也算是一个交际能手，但不知为什么，她总是很容易得罪人。她心里总搁不住事儿，有什么就说什么，从来不会隐瞒自己的观点。

有的同事把茶水倒在纸篓里，弄得一地水，她会叫他不要这样做；有的人在办公室里抽烟，她会请他出去抽；有的人爱没完没了地打电话，她就告诉他不要随便浪费公司的资源……她这样做是出于好心，因为如果让经理看见了，不是一顿责骂，就是被扣奖金。

可是，好心没好报，她这样做的后果是把同事们都给得罪了。每个人都对她一大堆的意见，甚至大伙一起去郊游也故意不叫她。有一次她实在气不过，就向经理反映，没想到经理也不怎么支持她，弄得她在公司里更加被动了。她非常想不通，明明自己是实话实说，为什么会弄成这样？真是好心被当成了驴肝肺。

孙倩的这种为人处事的方式其实在我们生活中很普遍，也很容易理解。我们平时工作、生活离不开与人打交道，有时候看不惯对方的行为就会不假思索地指出来。其实，这是一种欠考虑的行为，特别是在与同事相处时，如果总是对别人的行为挑三拣四，那就很容易被同事们孤立。所以，要想有好人缘，就需要你有一颗包容的心，能够说几句软话解决的就不要针锋相对地争执。

一位顾客在商场买了一件外套，五天后却拿着衣服返回商场要求退货。其实，那件衣服她已经穿过一次并且洗过，可她坚持说“绝对没穿过”，态度也很不友善。

售货员检查了那件衣服，发现有明显的干洗过的痕迹。但是，直截了当地向顾客说明这一点，顾客是绝不会轻易承认的，因为她已经说过“绝对没穿过”，而且精心地伪装过。再者，如果直接说破，也会让她感到没有面子，进而引发双方起争执。

于是，聪明又善解人意的售货员绕了个弯子，说了段软话，并没有跟顾客正面冲突：“这位顾客，我知道您说的是实话，可是有可能是您的家人误把这件衣服送去干洗店洗过，因为这件衣服的确看得出已经被洗过了。不信的话，可以跟店里同款的其他衣服比一比。前几天我家就发生过一件这样的事情。我把一件刚买的衣服和其他衣服堆在一块，结果我老公没注意，把那件新衣服和一堆脏衣服一股脑地塞进了洗衣机。我觉得可能你也会遇到同样的事情。”

顾客看了看证据，知道无可辩驳，而售货员又为她的错误准备了借口，给了她一个台阶下。于是，她顺水推舟，收起衣服走了。

售货员如果没说这段软话，直白地揭穿顾客的“伎俩”，再强硬地驳回对方的要求，换来的只会是一场尴尬和不欢而散。现实中，人们普遍存在着吃软不吃硬的心态。特别是性格刚烈的人，如果你说话“硬”的话，他可能比你更硬；你如果来“软”的，他反倒会于心不忍，也就有话好好说了。

软话的威力可见一斑，那么是不是任由我们随意说软话呢？当然不是。软话要会说，说得恰如其分，才能服人心，发挥作用。

首先，把握好度。软话归软话，但仍要含蓄地指出对方的错误，同时还要照顾对方的面子。如果分寸把握不当，不但会使自己给人留下不好的印象，也会使对方很难堪。

其次，内含道理。很多时候，你要想劝服人，说软话的效果要比说硬话好得多。然而，软话并不是低三下四地哀求，而是一种斗智，是一种心理交锋，通过温柔的语言启发、开导，并使对方按照你的意思行事。

会说软话、敢于说软话体现了一个人的极高素养。在正常情况下，人的度量大小是很难表现出来的，而在面对一些让自己感觉不舒服的人或事时仍能用平和的语气、得体的语言表达自己的不满的人，他的宽容大度一下子就体现出来了，并且还有可能会让对方心服口服，甘愿为你忙前忙后。所以，能说软话的时候请尽说无妨。

主动道歉不输面子，反而赢得谅解

戴尔·卡耐基的人际关系原则中很重要的一条是：如果错在你，应当立即、断然地承认。做错事情，抢先承认自己的错误，比让别人发现后提出批评要好，这会让别人对你的感觉好得多，也利于解决问题。

卡耐基时常带着自己心爱的小狗在家附近的森林公园里散步。为了保障游客的安全，该公园明确规定，所有进园的宠物必须戴口罩，拴链条，否则一律不得入园。一开始，卡耐基严格遵守这条规定遛狗，后来看到自己爱犬那可怜的小模样，很不忍心，于是就将口罩和链条取下，让爱犬无拘无束地在公园里玩耍。

没想到被一位公园管理人员看到了，只见他走过来，对卡耐基说："你没有看到公园门口张贴的公告吗？"

卡耐基争辩道："噢，我的狗是不会咬人的。"

那位公园管理人员一听，厉声警告卡耐基："法官可不会管你的狗会不会咬人而放过你，下次再被我看到，你自己对法官说去！"

过了几天，卡耐基又带爱犬到公园里一处很空旷的地方溜达。看看四下无人，他又将狗的口罩和链条取了下来。

说来也巧，上回碰到的那位管理人员不知从什么地方钻出来，迎面朝卡耐基走来。卡耐基见到管理人员，心想大事不妙，这下准逃不掉。根据上次的经验，和他争辩只会让他更加恼火。

略一思索，卡耐基以满面羞愧的表情迎上前去，很难为情地对管理人员说："对不起，前几天你才警告过我，我又犯错了。"

那位管理人员愣了一下，笑意显现在了原本严肃的脸庞上，他很温和地对卡耐基说："我知道谁都不忍心看到自己的狗可怜兮兮的模样，何况这里没有什么人，所以你取下了口罩。"

卡耐基轻声回答道："但是，这样做是违法的。"

那位管理人员望了望远处说："这样吧！你让小狗跑到那个小丘后头，让我看不见，这件事就算了。"

"对不起"这三个字看来简单，可是它的效用却不是别的字所能比拟的。这三个字能使顽固者点头，能使生气者怒气消减，甚至能化敌为友。

卡耐基的故事给了我们一个很好的示范：聒噪的鸭子嘴只会让自己吃亏，但是一声不吭的闷葫芦同样也得不到什么好处，两者都有可能让原本并不严重的事情变糟。而这时候如果能够及时道歉，很有可能一声"对不起"就让事情大化小、小化无了。

你在地铁上不小心踩到了别人的脚，马上说声"对不起"，被踩的人自然不会计较什么了。若因为你的过失给别人带来困扰，而你还不承认自己的错误，这就不能怪别人对你心生厌恶、口出恶言了。

很多人平时自视清高，把面子看得比什么都重要，所以一旦犯错，他们首先想到的不是赶紧道歉，而是如何文过饰非。因为道歉让他们觉得很没面子，是自己能力不够的表现。但事实恰好相反，道歉不是什么丢脸的事，而是真挚和诚恳的表现，是尊重他人、尊重自己的表现。

真诚的道歉是一种善意的信号。通常情况下，人们对于善意的信息都会做出友善的回应。这样，道歉者就很容易得到对方的谅解，甚至对方会因为你的主动道歉而钦佩你为人大度，从而结下宝贵的友谊。相比那些死要面子活受罪的人，主动道歉显然是明智之选。

假装没尴尬，继续聊

在人际交往中，面子是个大问题。遇到令人难堪的时刻，我们总会好心地去说一些解围的话，好让当事者赶紧摆脱尴尬。但这样的热心在某些情况下可能并不适用，甚至可能会让对方转尴尬为恼怒。正如卡耐基所说：“往往有这样的人，他们知道别人出了洋相，就主动地去安慰人家，还自以为别人会非常喜欢这种方式，会用感激的目光看着他。其实，别人最希望的，就是你假装不知道他出了洋相，没有嘲讽，也没有安慰。”

所以，如果发生在别人身上的尴尬情景触及了对方的自尊心，我们假装没发现他陷入尴尬，就是最贴心的解围方法。用你心知肚明的“不知道”帮他遮盖尴尬，不让他丢面子，对他来说就是最大的安慰。

◎高情商解围第一招——假装没听见

这招是指对别人说出的引发尴尬的话装作没听到或没听清楚，用另外的话题含混带过，也可以说这是一种避实就虚的处理方式。

一位实习老师第一次上讲台讲课，刚在黑板上写下几个字，突然有学生叫起来：“实习老师的字真好看，比我们李老师的字好看多了！”

真是语惊四座，幼稚的学生哪能想到，坐在最后一排旁听的李老师该是多么尴尬！对这位实习老师来说，初上岗位就碰到这般让人难堪的场面，的确令人头疼。不过，这位实习老师灵机一动，装作没有听到，继续写了几个字，头也不回地说：“不安安静静地看课文，是谁在下边大声喧哗？”

此语一出，后座的李老师顿时轻松多了，尴尬局面也随之消除。

这位实习老师巧妙地运用了假装没听见的技巧，避开“称赞”这一实体，婉转地告之李老师“我根本没有听到”，同时借攻击“喧闹”回应了那位学生的称赞，避免了他误认为老师没有听见而再称赞几句造成更尴尬局面的出现。我们不能不为这位实习老师的高情商做法点赞！

◎高情商解围第二招——故意说“痴话”

一家五星级宾馆招聘客房服务人员，经理给应聘者出了一道题目：

“假如你走错了房间，推门进去看见一女客一丝不挂地在沐浴，而她也看见你了，这时候你该怎么办？”

第一位答：“说声‘对不起’，就关门退出。”

第二位答：“说声‘对不起，小姐’，就关门退出。”

第三位答：“说声‘对不起，先生’，就关门退出。”

结果第三位应聘者被录取了。

为什么呢？因为前两位的回答虽然说的都是实话，但于事无补，都让客人有了解不开的尴尬心结，唯有第三位的回答很巧妙——假装没看清，故作痴呆，称对方为“先生”，光着身子淋浴的女客就会想：他竟连我是女的都没看出来，那应该没有看清楚吧。这就大大降低了尴尬的程度，极大地化解了女客心理上的羞愤感，真可以说是两全其美了。

◎**高情商解围第三招——知而不言**

当看到别人陷入尴尬而自己又没有好的解围方法的时候，假装不知道，不去戳破那一层窗户纸，不失为一种妥当的处理方法。

为参加朋友举办的一次隆重派对，小落第一次穿上了高跟鞋和超短裙，还化了比较浓的妆。朋友们见到她这样的打扮，一片惊呼，自然而然地她成了聚会的焦点。派对上有一项活动是蹦迪，高跟鞋和超短裙肯定是不适合蹦迪的，何况小落还是第一回穿呢。开始她不愿意下舞池，后来在朋友们的劝说之下勉强蹦了一会儿。谁知却出了问题，小落的一个鞋跟折断了，短裙也不小心撑裂了，她只好装作没事一样，一瘸一拐地回到了座位上。

一曲终了，大家都下场来，小亮走过来坐到了小落对面。小落十分尴尬，生怕被他发现了，赶忙说脚扭了，有点不舒服，所以早下来坐会儿。小亮并不看她的“伤势”，只是叫了两杯饮料，说：“你平时看起来就文文弱弱的，一定要小心啊。这种剧烈运动连我都浑身湿透了，你肯定更累吧。以后多锻炼锻炼，再穿上今天这么漂亮的衣服，那效果肯定超棒！”

两个人聊了半天，小亮始终没有再提起她的“伤”。其实，他早就看到是怎么回事了，为了不让小落太尴尬，故意装作不知道。而他这一“知而不言”的举动确实让小落长长地舒了一口气。

小亮就是巧妙运用了“佯装不知”的技巧，避免了尴尬。

在社交场合，许多人遇到意外状况之后，即使假装不在意，其实心里面还是会有个疙瘩。所以，有时候当别人遭遇尴尬，你的安慰可能只会让对方感觉更没有面子。这时，故作不知或者说一句痴话，让当事人以为别人没发现他正处在尴尬之中，释怀内心纠结不安的情绪才是最好的方法。

说话要像女人的裙子，越短越好

幽默大师林语堂曾戏称：“演讲要像女人的裙子，越短越好。”不仅演讲如此，说话也是一样。简洁的话语常能让人有意犹未尽、余音绕梁之感，而冗长又索然无味的话语就像老太婆的裹脚布，又臭又长，啰啰唆唆，使听者昏昏欲睡。

同样是说话，有的人说了很多却让人不知所云，有的人简单说几句却能四两拨千斤，一语中的，这就是说话水平的差距。平日里跟闺蜜天南海北地乱侃无可厚非，但如果遇到非常正式的场合，说话就要特别注意你的逻辑性和条理性，要将自己想说的内容逐字逐句清晰表达出来，让听者能立即明白你在说什么。也就是说，你要采取一种言简意赅的说话方式。

一天上午，职场新人小艾跑到经理办公室想要说点什么，她一开始说：“经理，我是家里的独生女，爷爷奶奶平时最疼的就是我，把我当小公主一样照顾着。”经理抬起头问：“然后呢？”

小艾又说：“我对待工作真的挺认真挺负责的，来公司之后一次假也没有请过。上次照毕业照我都没敢请半天假，现在还觉得很遗憾。”经理停下了手头的工作，再问：“然后呢？”

小艾小心翼翼地说：“我妈来电话说我奶奶病了，特别想让我回去看看。”经理笑着接了下句：“所以你想请假？”

小艾终于点点头。

“其实你可以一进门就说：‘经理，我要请假。’”经理点拨小艾说道，“没有必要说那么多铺垫的话。如果可以请假我肯定会立刻就同意的，如果不方便请假我会接着问你原因，你再说明这些情况。我们平时在工作中要讲究效率。”

经理说得很对，干吗要弯弯绕浪费时间呢？直奔主题说明自己的意图，这对于追求效率的职场是非常有必要的。

女人含蓄的天性可能会使得她们说话时爱拐弯抹角，做了各种铺垫之后才愿意表达自己的真实想法。这样的做法有时非常必要，比如批评别人的时候。但是在需要你简洁明了地表明自己的意图时，直截了当地说出你的想法更恰当。

说话言简意赅，最重要的一点就是所说的话句句都要围绕主题，语句简练、意思完整，将你的所想所悟有条不紊地呈现在听者面前，思路清晰，表意明确。

汪涵有一次在接受采访时，记者问他：“在你刚出道时，大家会觉得耳目一新。但随着曝光率过高，观众就会产生一定程度上的厌倦心理，尤其是娱乐节目主持人，几乎都有这个从新鲜到厌烦的过程。你觉得自己有没有进入这个过程呢？”

对于这个问题，汪涵如此回答：“我自己看我都厌烦了，打开电视机哪都是我，能有机会休息一下就最好。我们身边有很多河流，长江、黄河不会因为你每天看到它就产生厌烦。问渠哪得清如许？为有源头活水来。你只要不断改造、修行自己，主持人开口说话就像水库开闸放水，如果水是清凉、清澈的，还是有人会靠近它，掬一捧水洗洗脸。如果你不去补充，流出的是泥浆，一定不会有人来靠近。水库的造型、周遭环境不是吸引人靠近它的最主要原因，而是它里面时时刻刻都有清澈的水，才会有人跳进去畅游。”

倘若仔细琢磨这一段应答的话，就会发现其中充满了智慧和逻辑。汪涵先是以一句“我自己看我都厌烦了，打开电视机哪都是我”自嘲，暗示自己的人缘不错，然后拿江河打比方，巧妙解释自己颇受观众青睐的原因——“为有源头活水来”。

紧接着，他又别具一格地将“主持人开口说话”比作“水库开闸放水”，采用两个假设复句“如果水是清凉、清澈的，还是有人会靠近它”“如果你不去补充，流出的是泥浆，一定不会有人来靠近”，从正、反两方面强调了主持人“不断改造、修行自己”的重要性。

最后，他以一句“不是……而是……”的说辞，言简意赅、深入浅出地直指问题的核心——主持人吸引人的最主要原因在于“时时刻刻都有清澈的水”。尽管汪涵在娱乐节目里说话总是插科打诨，但关键时刻其高超的口才不失其作为一流主持人的水准。

这里需要提出注意的是，言简意赅并不是说话简单即可，这种简洁要从实际效果出发，简得适当而且恰到好处。倘若单纯为了追求简洁而硬是掐头去尾的话，那么别人就会对你的话感到迷惑，从而影响沟通的效果。这也就是说，言简意赅中的“简”是相对的简，而不是绝对的。所谓的简短，应当以精确为前提，该繁则繁，能简则简。

想练习言简意赅的说话方式，最有效的办法就是在日常生活里有意识地培养自己分析问题的能力，试着透过某一件事的表面现象去抓住背后的本质并进行综合概括。只有这样，说出来的话才能做到准确精辟且富有魅力。此外，最好在平时多掌握一些词汇，如果讲话者词汇贫瘠的话，那么在讲话时即使搜肠刮肚也很难保证有精彩的谈吐。

那么，具体来说，在与人交谈的过程中，怎样才能做到简洁、明了呢？你应该注意以下几点：

第一，紧扣主题，把话说到点子上，与本次谈话无关的内容最好不说；

第二，分清主次，重点突出，重要的事情重点说，次要的事情一句带过；

第三，在话未说出口时，先打好一个腹稿，然后再按照次序一一说出来；

第四，多用简洁明快的短句，少用冗繁复杂的长句或倒装句；

第五，多用通俗易懂的常用词，少用某些特殊专业或范畴专用的词汇。

Part 4

“口吐善言”，最值得称道的正能量

——提供对方想要的认同感

情商的最低要求：少泼冷水多夸赞

仔细想想，你的生活中是否有这样一类人，他们似乎很有主见，可以迅速对别人做的决定、购买的商品，甚至新处的对象做出评价——支持或者反对，赞美或者鄙夷，而通常情况下，他们得出的结论都是后者，给兴高采烈的人当头泼一盆冷水。因为他们好像天生就具有发现事情不完美一面的能力，似乎“坏处”才是他们关注的重点，而“好处”全部被自动忽略。这类人有一个共同的称号就是“趣味杀手”。

一天，小美新买了一双鞋子，舍友阿华凑过来看，摇着头说：“唉，这个鞋子的颜色挺适合你的，我穿就不行了，太显老。款式和我的那双一样，不过我的是三年前买的，早过时了。这种鞋子鞋底硬，一走脚就痛……”

“不会吧？花了我四百多大洋呢。”小美懊恼地说。

“什么？要四百多？被当‘冤大头’宰了吧？”说完转身出门了。

从看到小美新买回来的鞋子到发表完自己的评定，一共不到两分钟的时间，阿华就快速地完成了对小美的这次购买行为的判定——白瞎了那么多钱。

小美高涨的情绪瞬间就跌到了谷底。她逛了一天的街，进了不下十家店才终于相中这双鞋子，哪知一回来就被阿华泼了一盆冷水，心情沮丧极了。

一会儿同宿舍的悦悦回来了，看见小美有气无力地躺在床上，地上放着一双漂亮的高跟鞋，猜想可能是小美刚买的。悦悦走过去，拿起鞋子高兴地对小美说：“小美，这是谁买的鞋子啊，好漂亮！”

“我买的，漂亮吗？阿华说丑死了，白花了冤枉钱。”

“哪有啊，我觉得这双鞋子和你那条素色的连衣裙非常搭，不信你穿穿看看。”

被悦悦这么一说，小美也来了兴致，从床上一骨碌爬起来，赶紧穿上那条长裙，再搭配上新买的鞋子。小美站在镜子前看到镜中身形高挑的自己，沮丧心情一扫而光，悦悦在一旁也是羡慕不已。小美很感谢悦悦的“安慰”，两个人的感情更好了，倒是总爱泼冷水的阿华被小美渐渐疏远了。

客观来看，小美已经把鞋子买回来了，哪怕真的不好看，穿着不舒服，也无法退货了，这时候她需要的是安慰，但阿华的这番话除了让她更加心塞之外，又有什么用呢？反倒是悦悦，不仅真心地赞美鞋子漂亮，而且站在小美的角度帮她选衣服搭配鞋子，让小美觉得鞋子“买对了”，这才是身为朋友该做的。

虽说生活中不管对什么事、什么人都说“好”会给人留下不真实或者“老好人”的印象，但是不管遇到好事还是坏事总爱给人泼冷水更加惹人烦。如果朋友正处在春风得意之时，你可以适当地泼点儿冷水，让朋友保持清醒，免得得意忘形惹来是非。但是，对于生活中琐碎的小事，比如老同学请客吃饭或者某位朋友新店开张请你去参观，那么就该抱着感谢的心情，多多夸赞，而不应该嫌弃菜不好吃或者朋友店里的装修风格不合你意。

对于别人的小幸福、小幸运，你大可不必自以为是地去告诫他“乐极生悲”，你的这种“告诫”只会毁掉一切趣味和美，让对方的喜悦心情顷刻间化为乌有。跟人说话时少泼冷水，并不是说人人都是玻璃心，听不起负面意见，只是谁都不愿意让自己的好意或者努力被随随便便地嘲笑。

在网上看到一个段子，当中的一句话绝对可称之为高情商的典范：

一个朋友到大学教授家做客，恰好那天教授的儿子带着女朋友回家。只见这位朋友说："这孩子跟他爸爸一样眼光好，会挑人！"

数一数这句话共夸了几个人：

1. 夸儿子眼光好，会挑女朋友。

2. 夸爸爸眼光好。

3. 夸了儿子的女朋友，因为"眼光好"才能挑到优秀的女朋友。

4. 夸了妈妈，因为"孩子跟他爸一样"。

高情商的人都善于以欣赏的眼光来看待他人，并发自真心地表达赞美。像上述段子中的那位朋友，一句话把四个人全夸到了。

提高情商的第一步，就从赞美开始！不信你就试一试吧！

给他激励，而不是警告

马戏团的驯兽师在驯狗时有一个诀窍，那就是当小狗显出哪怕轻微的进步时，驯兽师就会像对待一件大事似的，轻轻地拍它，称赞它，并给它肉吃。不光驯狗，数百年来，训练动物大都是采用同样的方法。

那么，作为父母、老师、上司，面对“不争气”的孩子、学生和下属，与其横眉怒对，倒不如向驯兽师学习，以肉代鞭。人们多数时候需要的是激励，而不是责骂。即使是最微小的进步，如果我们能够给予足够称赞，就能激励对方继续进步。

纽约布鲁克林区的一位四年级老师鲁丝·霍普斯金太太，在新学期开学的第一天，看过班上的学生名册后，她本该对新学期的到来感到兴奋和充满期待，但是却心怀忧虑：今年，在她班上有一个全校最顽皮的“坏孩子”——汤姆。他不只是搞恶作剧，还跟男生打架、逗女生、对老师无礼、在班上扰乱秩序，而且情况愈来愈糟。他唯一的优点是：能很快掌握学校的功课。

霍普斯金太太决定立刻面对汤姆的问题。当她见到她的新学生时，她讲了一些话：“罗丝，你穿的衣服很漂亮。爱丽西亚，我听说你画画很不错。”当她念到汤姆的名字时，她直视着汤姆，对他说：“汤姆，我听说你是个天生的领导者，今年我要靠你帮我把这个班变成四年级最好的一个班。”在头几天，她一直强调这点，夸奖汤姆所做的一切，并评论他的行为，表扬他是一位很好的学生。

令人惊奇的结果出现了，汤姆真的变了，他渐渐地约束了自己那些不好的行为，变成了一个好学生。

孩子也有着很强烈的自尊心，他们表现不好时可以给他们指出来，但你若不是以批评的形式而是激励的形式，那么会更有助于促进他们向好的方向发展。

美国一位典狱长也曾说过，相比于严厉的批评与惩罚，对罪犯们所作出的每一个努力进行适当的欣赏，就能得到他们更大程度的合作，并且有助于他们恢复自己的人格。

我们再来看一下美国纽约州第一位黑人州长罗杰·罗尔斯的故事。

罗杰·罗尔斯是美国纽约州历史上第一位黑人州长。他出生在纽约声名狼藉的大沙头贫民窟，这里环境肮脏，充满暴力，是偷渡者和流浪汉的聚集地。在这儿出生的孩子，耳濡目染，他们从小逃学、打架、偷东西甚至吸毒，长大后很少有人从事体面的职业。然而，罗杰·罗尔斯是个例外，他不仅考入了大学，而且当上了州长。

在就职的记者招待会上，一位记者对他提问："是什么把你推向州长宝座的？"面对300多名记者，罗尔斯对自己的奋斗史只字不提，只谈到了他上小学时的校长——皮尔·保罗。

1961年，皮尔·保罗被聘为诺必塔小学的董事兼校长。当时正值美国嬉皮士流行的时代，他走进大沙头诺必塔小学的时候，发现这儿的穷孩子比"迷惘的一代"还要无所事事。他们不与老师合作，旷课、斗殴，甚至砸烂教室的黑板。皮尔·保罗想了很多办法来引导他们，可是没有一个是奏效的。后来他发现这些孩子都很迷信，于是在他上课的时候就多了一项内容——给学生看手相，他用这个办法来鼓励学生。

当罗尔斯从窗台上跳下，伸着小手走向讲台时，皮尔·保罗说："我一看你修长的小拇指就知道，将来你是纽约州州长。"当时，罗尔斯大吃一惊，因为长这么大，只有他奶奶让他振奋过一次，说他可以成为五吨重的小船的船长。这一次，皮尔·保罗先生竟说他可以当纽约州州长，着实出乎他的意料。他记下了这句话，并相信它。

从那天起，"纽约州州长"就像一面旗帜，罗尔斯的衣服不再沾满泥土，说话时也不再夹杂污言秽语。他开始挺直腰杆走路，在以后的 40 多年间，他没有一天不按州长的身份要求自己。51 岁那年，他终于成了纽约州州长。

吉斯菲尔伯爵曾说过："各人有各人优越的地方，至少也有他们自以为优越的地方。对于其自知优越的地方，他们固然喜爱得到他人公正的评价。但对于那些他们想得到认可却缺乏自信的地方，他们尤其喜欢得到别人的恭维。"

已故哈佛大学教授詹姆士有这样一句名言："与我们本来应有的成就相比较，我们不过是半醒着。我们现在只利用着我们身心资源的一小部分。广义地说，人类的个体就这样地生活着，远在他应有的极限之内；他有着各种力量，但从未被利用过。"是的，一个人的潜力是无限的，他的进步也是没有终点的。当对方每次有了小小的进步，只要你肯赞美他、激励他，他一定能够取得更大的进步。

所以，对待生活中所谓的"不争气"者，与其等他走上你不想让他走的路时给一鞭子，不如在他一脚踩上你要让他走的路时给一颗糖——与其对他做错的地方指手画脚，不如称赞他的每一个进步，即使十分微小。

适时给台阶，人缘跟着来

在社交场合，每个人都格外注意自己形象的塑造，会表现出比平时更为强烈的虚荣心和自尊心。在这种心态的支配下，如果你不给对方留面子，对方就会产生强烈的反感。每个人都有自己的心理防线，一旦我们不给别人退路，不让他们走下台阶，他们就会使出最后的一招——自卫。公共场合与人争论所带来的影响远比因尴尬而产生的影响坏得多，所以遇事待人，会说话的高情商者都谨记一条原则：别让人下不了台阶。

经常看《快乐大本营》的朋友都知道，节目中经常贯穿着各种各样的玩笑。有一期节目的嘉宾是著名歌手林宥嘉，主持人照旧跟对方开起了玩笑。林宥嘉是从台湾选秀节目《超级星光大道》中走出来的歌手，被人们称为“迷幻王子”，深得粉丝喜爱。

节目组了解到林宥嘉喜爱美食，于是特意给他安排了一顿大餐，还专门设置了一些机关，秘密摄制林宥嘉吃饭的整个过程。节目现场播放了这段视频，大家看完 VCR 后，哈哈大笑，主持人何炅开始和林宥嘉开玩笑了。

何炅说：“你们不知道那个拔丝西瓜有多烫，西瓜本来就有很多水分，所以它在里面是特别烫的。我吃了四口都没有咬下去，因为太烫了，他（林宥嘉）整个就放到嘴里。”听完何炅的话，现场观众再次大笑起来，林宥嘉也笑着说：“对，太烫。”

不过，为避免尴尬，何炅接着说了一句话，给了林宥嘉一个台阶下：“但是，我觉得，可以吃是很幸福的事。”于是，把话题转到了明星们都不能吃饱这件事上，感叹他们为此所做的牺牲。

林宥嘉作为偶像明星，被大家看到他不雅的吃相难免感觉有点难为情，所以何炅赶紧给了他一个台阶，顺便还转移了话题，摆脱了尴尬的处境。如果你也能像何炅一样，随时关注别人的感受，在适当的时候给别人台阶下，那么你也会成为一个像何炅一样被大家喜欢的人。

会说话的高情商者，在别人遭遇窘境的时候，不但会尽量避免因自己的不慎而使别人下不了台，而且还会在对方可能不好下台时，巧妙及时地为其提供一个台阶。

◎顺势而为送台阶

全校语文老师来听王斐老师讲课，想不到校长也光临指导，这下可使王老师犯难了。她既怕自己的课讲得不好，又担心学生回答问题时表现不佳。

课上，王老师重点讲解了词语的感情色彩问题。在提问了两位同学取得良好效果后，她接着提问校长的儿子：“请你说出一个形容妈妈美丽的词或句子。”

或许是课堂气氛紧张，又或许是严父在场，也可能是兼而有之，校长的儿子一时语塞，只是呆呆地站着。

王老师随机应变道：“好，请你坐下。同学们，刚才这位同学的答案是最完美的，他的意思是说，妈妈的美丽是无法用文字和语言来形容的。”

校长和在场的所有老师都发出了会心的微笑。

有眼力劲儿的人会依据当时当场的势态，对他人的尴尬之举加以巧妙解释，使消极事件转而具有积极的含义。王老师的这一妙解为校长的儿子尴尬地呆立着赋予了积极的意义，使他顺利下了台阶，王老师和校长也自然而然地摆脱了难堪。

◎转移话题摆台阶

某单位一女员工结婚，在办公室散发喜糖，刚巧该单位有一位尚未谈对象的33岁大龄女青年。大家吃着糖，突然一位中年女科员笑着对那位女青年说：“喂，什么时候吃你的喜糖啊？”大家一听都望向那位女青年。女青年脸上的笑容瞬间变成了不知如何回答的难堪表情，缓缓地低下了头。

坐在女青年旁边的一位大姐见状，起身来到她身边，指着对方身上的一件款式新颖的上衣问：“咦？这件上衣什么时候买的？在哪个商场买的？真适合你啊！”女青年听了大姐的话，脸上又漾起了笑容，大家兴致勃勃地谈起了那件衣服。那位中年女科员的问题不了了之。

在大庭广众之下问还没处对象的大龄女子何时结婚，确实是一件很不礼貌的事情。女青年碰到这个尖锐的问题时处境自然十分尴尬，回答不好就会引起别人的闲话，再说这事也没必要让大家参与进来。一旁的大姐看女青年陷入尴尬，立刻把话题转移到了女青年的漂亮衣服上，借以回避他人的无聊问题，适时挽回了女青年的面子。

任何人，不论他是智商极高还是情商极高，都有下不来台的时候，所以，当看到别人处在一个进退两难的尴尬境地时，会说话的高情商者都会提供一个合适的借口或方法给对方台阶下，使其免丢面子。这既可以缓解紧张难堪的气氛，使你获得对方的好感，而且也有助于你树立良好的社交形象。

给他最想要的赞美

日常生活中，人们可能都有过这样的体验：当你夸奖朋友取得的成绩时，他会说“你不知道我付出了多少心血”，言语间仿佛有你不知其艰辛、只看结果不看过程的意思。相反，如果你说“真不错，一定花了你许多心血吧”，他就会很开心，认为你很了解他。其实，很多人做事并不仅仅在乎结果，而是更注重过程。

是的，每一次收获鲜花和掌声的背后都是数倍于常人的付出，正如冰心前辈所说：“成功的花儿，人们只惊羡她现时的明艳！当初她的芽儿浸透了奋斗的泪泉，洒遍了牺牲的血雨。”所以，有时候恰当地夸奖对方的辛劳付出比单纯夸奖对方取得的成果能达到更佳的赞美效果。换句话说，赞美的话能挠到对方的“痒处”，对方最爱听，效果也最好。

当你要赞赏一位老师的时候，你不妨说：“你的学生 ××× 真不愧是你的得意门生啊！现在已经自己出书了。这就是名师出高徒啊！”对于一位老师而言，引以为荣的往往是他教过的学生在社会上很有出息，你对学生的赞美就是对他最大的赞美。

当你面对一位一生都默默无闻但却将自己的孩子培养成高才生的母亲时，你可以对她说：“你真有福气啊，两个儿子都那么有出息。”她引以为荣的孩子被赞赏，她一定会高兴不已。

老年人总希望别人不忘记他“想当年”的业绩与雄风，所以，同其交谈时，可多称赞他引以为豪的过去。例如，你可以对抗战老英雄说：

“你们真是太伟大了，没有你们去打江山，我们现在的生活都不知道是什么样呢！”

跟年轻人交流，你不妨赞扬他的创造才能和开拓精神，并举出几点实例来证明他的卓越才干：“一毕业就自己创业了，还成功开拓了三项业务，你真是年轻有为，前途不可限量啊！”

对于经商的人，若恭维他生意兴隆，不如赞美他推销产品的努力，或赞美他的商业手腕，或称赞他头脑灵活，生财有道。对于知识分子，可称赞他知识渊博、思想深刻、宁静淡泊。若对某位明星表达赞美之情时，一句“我最崇拜你”还不如直接夸对方的某个作品如何精彩，如何打动了自己……

赞美他人，锦上添花固然好，雪中送炭更可贵。一位普普通通的下属住院了，领导亲自去探望时，说了这样一番话：“平时你在的时候感觉不出你做了多少贡献，现在没有你在岗位上，才觉得工作没了头绪，慌了手脚，你可一定要安心把病养好啊！”他把下属当成左膀右臂，让对方认为自己很重要，这样的赞美怎么会不深得人心呢？

上述这些都是恰如其分的赞赏。但如果你夸一个中年妇女活泼可爱、单纯善良就会不伦不类，弄不好还会招致一顿臭骂；再比如你赞美领导发家有方、日进斗金，恐怕你的升迁就渺茫了……

人的地位有高低之分，年龄有长幼之别，所以因人而异、突出个性、符合对方心意的赞美比一般化的赞美能收到更好的效果。

另外，恭维赞美的话一定要切合实际，到别人家里，与其乱捧一场，不如赞美房子布置得别出心裁，或欣赏墙上的一幅好画，或惊叹一个盆栽的精巧。若要讨得主人喜欢，你就要注意投其所好：主人爱狗，你应该赞美他养的狗；主人养了许多金鱼，你应该谈那些鱼的美丽……

由此可见，赞美不是一味地奉承说好话。每个人都希望受到别人的关注，会说话的高情商者要学会发现别人身上隐藏的闪光点，挠到对方的“痒”处，把赞美的话说到点子上，这样才能达到最佳的赞美效果。如果人云亦云，那么你的话在对方看来既乏味又粗糙，甚至会令人生厌，产生相反效果。

情商高，真的不只是会说话

聚会上，总能见到这样一些人，他们似乎有说不完的有趣话题，总能把周围人逗得哈哈大笑，整个聚会的气氛都让他们带嗨了。这时，那些不擅长在公众场合与人沟通的人往往会向他们投去无比羡慕的目光。其实，当你无法充当那个话题引领者的时候，不妨做一个耐心的倾听者。能说会道是一个人情商高的表现，但善于倾听同样是高情商者的标配。

倾听是一种了解别人的方式，更是一种与人交往的智慧。朋友之间需要倾听，父母与子女之间需要倾听，爱人之间更需要倾听。

卡耐基告诉我们，要想成为一个谈话高手，必须学会倾听，鼓励别人多谈他自己的事。卡耐基举例说，有一次他参加一场晚宴，碰到了一位优秀且善谈的植物学家。他对植物学知识了解甚少，也从未跟植物学家接触过，于是凝神静听，听对方介绍外来植物和交配新产品的许多实验。结果，晚宴结束后，那位植物学家向主人极力恭维卡耐基，说他是“最能鼓舞人”的人，是个“最有趣的谈话高手”。事实上，卡耐基几乎没说几句话，他只是非常认真地听对方讲话。由此可见，听也是说话的一种方式。

著名记者麦克逊曾说：“不肯留神去听人家说话，是不受人欢迎的原因之一。一般的人，他们只注重自己应该怎样说下去，而不管人家要怎样说。须知人们多半是欢迎专听人说话的人，很少欢迎专说自己话的人。”

希拉里就用自身的亲身实践见证了倾听的魅力，为我们上了一堂示范课。

在2000年的纽约州参议员选举中，希拉里一改往日直言不讳地宣传自己见解的说话风格，转而踏上“倾听之旅”——来到民间，努力听取选民的心声。在与选民们亲切交谈的过程中，希拉里很少讲话，即便说话，也是顺着选民们的意思讲。“倾听之旅”让希拉里用无与伦比的亲和力赢得了选民们的心，成功当选为参议员。

在参议院中，希拉里继续发挥这种倾听的魅力，使她得到了同僚们的大力认同，甚至包括以前对希拉里有敌意的同事。

倾听是对别人的尊重和关注，也是我们与别人沟通过程中的一个必不可少的组成部分，在人际交往中具有非常重要的作用。懂得倾听的人，往往能表现出一种大度与接纳，能散发出一种温情的魅力，更容易受到谈话者的欢迎。

一天，美国知名主持人林克莱特采访一名小朋友。林克莱特问他：“你长大后想要干什么？”

小朋友天真地回答：“我要当飞机驾驶员！”

林克莱特接着问：“如果有一天，你的飞机飞到太平洋上空，所有引擎都熄火了，你会怎么办？”

小朋友想了想说：“我会先告诉坐在飞机上的人，请系好安全带，然后我挂上我的降落伞跳出去。”

现场的观众笑得东倒西歪，然而，林克莱特继续注视着这个孩子，想看他到底是不是个自作聪明的家伙。

没想到，孩子的两行热泪夺眶而出，脸上那股浓浓的悲悯之情深深地打动了林克莱特。

林克莱特接着问他：“你为什么要这么做？”

小朋友坚定的回答透露出了一个孩子真挚的同情心：“我要去拿燃料，我还要回来！我还要回来！”

当孩子不顾别人，自己挂上降落伞跳下去时，谁“听”出了这个孩子的同情心呢？作家鲍威尔曾说：“我们要聆听的是话语中的含意，而非文字。在真诚的聆听中，我们能穿透文字，发掘对方的内心。”

人们都喜欢倾听者，尤其是有同情心的倾听者，他们就像自己最亲密的朋友一样，无论对个人还是对团体都能起到积极的作用，并且让人们感觉他们相当可靠、值得信赖和十分忠诚。

弗洛伊德要算是近代最伟大的倾听大师了。一位曾遇到过弗洛伊德的人，这样描述他倾听别人时的态度：“那简直太令我震惊了，我从没有见过这么专注的人，有这么敏锐的灵魂洞察和凝视事情的能力。”“他的眼光是那么谦逊和温和，他的声音低柔，姿势很少改变。但是他对我的那份专注，他表现出的喜欢我说话的态度，即使我说得不好。你真的无法想象，别人像这样听你说话所代表的意义是什么。”

到底以何种方式聆听，才最有利于了解对方，并与对方达成沟通，建立感情呢？心理学家建议用“同理心式倾听”。

同理心式倾听，就是用心聆听另一个人的思维与心声，这是设身处地，尝试以他人的双眼来探究世界的倾听方式。在所有的倾听方式中，这是唯一能够真正深入他人心理的方式，也是高情商的表现。

倾听者在倾听时，往往会设身处地为倾诉者着想，提出一些看法和建议。许多倾听者被对方的情绪所驱使，认为自己能够解决别人的问题。

假设，你的朋友同老婆发生了争吵，并且对你讲述了这一切，你自然会对此作出反应。你可能会这样安慰他：

——我要是处在你的位置，我也不能忍受这一切。

——真是难以置信，我没有想到，你老婆居然会这样。

——这次又跟上一次的情况一样，你们总是争论这种事情。

——对此，你必须总结你自己的结论。

——不要想不开，这一切不久就会恢复正常。

其实，你的这些反应，没有一种是你朋友所期待的，也没有一种建议能够对他有实质性的帮助。有些话听了甚至会使他感到更加生气，而其他则多半是一些废话。

作为倾听者，你可能没有觉察到，你这根本就不是设身处地为他着想，你的反应反而会让人觉得，你更多地是在表现自己，而不是在关心他。

一个倾听者应该清楚，你所表达的观点并不能完全解决别人的问题，你唯一能对别人做的，就是表现出能够理解和体谅，并用心去倾听他的讲话。

在倾听时，你可以通过一些恰当的交流和引导，让对方在倾诉过程中，对于所面对的问题有更多的认识和了解，并且鼓励他凭借自己的力量，寻求解决问题的方法。你可以在谈话中采取下面的两种方法，引导别人找到解决问题的方法。

◎用你自己的话，重复一遍你所听到的

一方面，你可以借此向他表示，你用心倾听了他讲的话；另一方面，你也给他一个机会，使他能够对他再次听到的他自己所说过的话进行一些修正和补充。你可以这样开头："你认为……""你觉得……"

◎从你的角度，评价对方的感情状态

在谈话的过程中，你应该适当地分析对方的心理状态，可以从你的角度评价对方的感情状态。例如，“你这样生气，对……”你所说的，可能正是对方自己并未意识到的事情，这样，你就有可能说中了问题的重点，同时也使他清楚地意识到自己的问题所在。

倾听别人的倾诉，是识别他人内心情绪的最好方式，也是实现沟通的前提，只有用心去倾听，人们才能恰如其分地投入到谈话中。

在倾听时，以下这些原则都是值得重视的：

——自始至终目光应该注视着说话者。

——全神贯注于对方身上。

——显示出你的兴趣。

——不要让别人分散你的注意力。

——避免做一些容易分神的动作，比如浏览报纸。

——投入你全部的时间。

——当别人不能马上将一件事带入重点时，你也是有责任的。

——不要打断别人的讲话。

——设身处地想想对方的处境，尝试一下，假使自己身在他的处境之中。

——通过你的身体语言向他传递你要传递的信号。例如，用点头的方式表示你对他的赞同和兴趣。

——当然，你不应该在整个过程中一言不发，只知道死盯着对方的眼睛，只知道一个劲地点头。

——你当然也可以在倾听别人的时候喝一杯咖啡。

以上这些所谓的原则，只是一些可以用来参照的依据，而不是必须的行为准则。因为每一种谈话的方式，都要求倾听者作出不同的倾听行为。

适时附和的倾听，一种别样的赞美

倾听并不意味着沉默不语，有时还需要做一些必要的“小动作”，动一动自己的嘴巴。在倾听别人说话时，恰当的附和说明你没有走神，一直在用心听对方说话，表达了你对说话者的认同，并且还暗含着对他的鼓励之意。

例如，当你对他的话表示赞同时，你可以说“你说得太好了！”“非常正确！”“这确实让人生气！”这些简洁的附和表明了你对他的理解和支持，让说话者为想要释放的情感找到了载体。同时，倾听者还可以用一些简短的语句将说话者想要传达的中心话题归纳一下，使说话者的思想得以突显和升华，同时也能提高倾听者继续倾听的兴趣。

当然，倾听者还可以向说话者提一些问题，这些提问既能表明你对说话者所谈论话题的关注，又能使说话者更愿意说出欲说无由的得意之言，也就是所谓的明知故问，让对方更愿意与你进一步交流。

一位老教授与门下的五名学生闲聊着自己当年读研时的杂事，说：“你们现在的生活可真丰富，校园内有体育馆，校园外有休闲馆。我当年在你们这个阶段，生活的世界里只有教室、图书馆和宿舍。”

学生们微微一笑，老教授继续说道：“不过，那个时候精力都用在读书上也好，搞科研嘛，基础知识不扎实根本无法谈及创新。还记得我的一个课题是关于青藏高原地质变迁的问题，当时我不仅要查自然地理方面的书，还要查很多地质演变与生物演化方面的书。那时科学根本没有现在这么发达，哪里有什么计算机、文献电子稿啊，完全依靠图书馆里纸质的资料，可比你们现在做项目难多喽！”

说着，老教授停顿了下来，拿起茶杯喝了两口。

这时，其中专心倾听的林岚礼貌地问道：“老师，您当年的研究方向是青藏高原的地质变迁问题，可是参考资料却涉及区域内的生物演化，当时是不是很少有人将这两个方面结合考虑？”

听完林岚的话，老教授会心地看了看这名好问的学生，然后得意地说道：“很多时候，没人想到的地方你想到了，才会有意外的收获，才能够创新。不信，我们来举个现成的例子，就说说你现在的课题吧！”接着，老教授细致地对林岚正在进行的课题作了很有创意的指导，而其他四名只知道倾听的学生，却没能得到老教授的专门指导。

要知道，附和地倾听本身就是一种赞美，能使我们更好地理解别人，有助于克服彼此间判断上的差异性，有利于改善交往关系。我们在倾听别人的时候，也就是我们设身处地地理解他们的幸福、痛苦与欢乐的时候，使我们能够把对方的优点和缺点看得更清楚。而这些结论再通过我们有效的附和来传达到对方心里，这才能算是一次完美的交流。

认真倾听并在适当的时间附和也有利于双方更好地表达自己的思想和情感。在对方明白了我们的倾听是对他的尊重以后，他同样会认真地听我们说话，这样彼此的交流才能产生良好的效果。

例如，对于上司来说，适时附和地倾听职员的谈话，不但有助于充分了解下情，还能体现出你对下属的体贴和关心，能够更得人心。朋友之间，这种附和式的倾听则能促进情感，加深相互间的理解，引发精神上的共鸣。

但是，应该注意的一点是，倾听他人谈话时的随声附和并不等于随意的插话。有些人性子比较急，并且自认理解力强，所以某些时候不等对方把话说完就中途插嘴问这问那，这样做不仅可能会弄错对方的意图，中途打断对方还有失礼貌。所以，说话办事时，你若想讨对方欢心，把交流愉快地延续下去，就请不要只是默默地倾听，学着适时地附和吧。

做个会妥协的高情商下属

进入职场，处理好自己与上司之间的关系是头等大事，人人都希望遇到一位会说话、好相处的、通情达理的好领导，这样上下级关系会比较融洽，至少不会让自己的工作难做。其实，好的上下级关系并不单单由上司的情商高低所决定，下属也可以运用自己的智慧将你们的关系维持在一个热度刚刚好的范围内。

高情商的下属，首先会了解上司的性格特点和脾气秉性。上司虽然是领导，但他首先是一个人。作为一个人，他有他的性格、爱好、语言习惯等。有些上司性格爽快、干脆，有些则沉默寡言，做事谨慎周到。你必须了解清楚，然后在说话的时候适当地迎合一下领导的性格特点。

从总体上说，上司可以分为“读者”和“听者”两大类。

对喜欢当“读者”的上司，你谈得再多也只是浪费时间。他只有在读过材料之后，才能获取你所提出的建议。对喜欢听取口头汇报的上司，如果你向他提交一份长篇报告的话，那只能是浪费时间，因为他更愿意听取你的口头汇报，然后从中抓出问题的核心。

所以，作为下属的你在汇报工作前一定要了解，上司是希望你简明扼要地汇报，还是事无巨细都要了解？他是希望你提交一份详尽的书面报告，还是做口头陈述？甚至有时还应考虑，在什么时间向上司汇报更合适。

美国总统布什比较中意赖斯，因为赖斯知道布什不喜欢长篇大论，所有的报告只要一页，赖斯只要把资源整合一下，就可以向布什叙述。

如果你是一位善于观察的高情商下属，你还得花时间去了解上司的目标、压力和优缺点。比如，上司的个人目标是什么？工作目标是什么？他面临着哪些压力（尤其是来自他的上司和同级经理的压力）？他的长处、短处各是什么？他的工作方式又是什么？以及他希望别人的工作方式是什么？

上司也有他的优点和弱点。哪些事情他处理起来得心应手、游刃有余？哪些方面他希望得到下属的支持和协助？了解了这些，清楚了这些，你才能做到心中有数，做起工作来才能更好地发挥自己的作用。比如，如果你的上司精通市场业务，而对财会工作却有些不甚了解，那么你可以为上司事先做好细致的财会分析，以帮助他做出正确的决策。

当然，在影响上司的过程中，还应该注意一些方法。说话做事要注意分寸，既要帮助上司解决困扰，也要注意不要使上司对你产生危机感，不要随便揭露上司的秘密，也不要混淆上下级之间的界限。

第二次世界大战期间，斯大林在军事上最倚重的人有两个：一个是军事天才朱可夫，另一个是苏军大本营的总参谋长华西列夫斯基。

斯大林唯我独尊的个性使他不允许有人比他高明，更难以接受下属的不同意见。在二战期间，斯大林的这种过分的自我尊严感曾使苏联红军大吃苦头，遭到了不可估量的损失和重创。一度提出正确建议的朱可夫，被斯大林一怒之下赶出了大本营。但有一人例外，他就是华西列夫斯基，他往往能使斯大林在不知不觉中采纳他正确的作战计划，从而发挥巨大的作用。

华西列夫斯基的进言妙招之一，就是潜移默化地在休息中施加影响。

在斯大林的办公室里，华西列夫斯基喜欢同斯大林海阔天空地“闲聊”，并且往往还会“不经意”地随便说说军事问题，既非郑重其事地大谈特谈，也不是讲得头头是道。由于受到启发，等华西列夫斯基走后，斯大林往往会想出一个好计划。过不了多久，斯大林就会在军事会议上宣布这一计划。

华西列夫斯基在和斯大林交谈时，有时会故意犯一些错误，给斯大林制造帮他纠正错误的机会，然后华西列夫斯基会把自己最有价值的想法含混其辞地讲给斯大林听，由斯大林形成完整的战略计划公开宣布。当时斯大林的许多重要决策就是这样产生的。

华西列夫斯基就是靠与领导之间的随意交流，逐步启发、诱导着斯大林，使自己的种种想法得以实现，以至于连斯大林本人也认为这些好主意是他自己想出来的。

就这样，华西列夫斯基成为了斯大林不可或缺的得力助手，在二战期间发挥了巨大的甚至是无可替代的影响力，其手段不可谓不高明。

作为下属，你的某些好想法可能最后会变成你上级的决定并且多数以他的名义发出，这种情况已经相当不错，因为你的目的已经达到。千万不要到处宣扬这是你的主意，更不要因此而愤愤不平。

如果让上司觉得你总是在给予他，他离不开你，那么你可以猜想，自己和上司的关系是不可能融洽的。因为上司会觉得自己没有了尊严，没有了安全感。此时，唯有高情商的下属才能改变这种局面，要让上司真切地感觉到，你的优秀是因为他的存在。

当你和上司产生矛盾之后，你一定要想办法尽快弥补。如果是误会，要趁早解释清楚；如果是分歧，应尽可能达成一致。事实证明，如果硬顶，最终倒霉的多半是你而不是你的上司。

成功处理好自己与上司的关系的标准，就是看你能否和上司形成“鱼水情”。鱼因水而存活，水因鱼而显得有灵气。当你是“水”时，不要认为“鱼”离不开你，由此而居功自傲；当你是“鱼”时，不要觉得“水”需要自己才能显出灵气。达到这个境界之后，你就可以引导上司有效地完成自己想做的事情了。

除此之外，为了影响你的上司，你还要让上司真正地了解你。只有这样，他才能掌握哪些任务是你力所能及的，哪些是你的强项，哪些是你所不擅长的。毕竟你的上司也要对自己下属的工作负责。只有充分了解你，他才能放心地把任务交给你。在某些关键的时候，他才能有把握地说：“我知道他能做好这项工作。”

所以，请一定要相信，作为一个高情商的下属，你绝对能影响上司的领导，提高团队的情商。

爱情保鲜法则：累了倦了说出来

在夫妻的相处过程中，有的人不愿意向另一半表露自己的糟糕情绪，或是出于不想让对方担心的好意，或是怕表露出来有损自己在对方心目中的好形象，还有的人是不想自己表露而是等对方来发现。

其实，掩饰自己的情绪是最不理智的一种情绪管理方式。你越掩饰，情绪反击得就越强烈。

当妻子从单位回到家时，她的肩都累得要塌下来了。进门看见丈夫正坐在沙发上看报纸，妻子懒得多说话，无精打采地开始洗米、摘菜。

当锅里的油开始欢腾时，丈夫蹭到妻子背后，笑着说："我们单位……"不想妻子突然打断丈夫的话，大喝一声："走开！"丈夫吓得不轻，待要发问却见妻子脸色不佳，只好把话咽下去。

接着，妻子开始重重地摔盘扔碗，见丈夫在厨房门口站着，又甩出一句："就知道吃！"丈夫觉得妻子无事生非。于是一场争吵就此开始。最后丈夫披上外套摔门而去，妻子则扔了炒勺坐在沙发上抹泪。

其实，妻子平时是乐于做晚饭的，可这一天她实在太累了。但是，一惯贤淑的她不会一回家就叫"饿死我啦！累死我啦！老公快做饭！"她隐忍着继续扮演贤淑的主妇角色，也就是压抑自己的不满情绪，但最终怨气还是突然爆发出来了。

如果妻子愿意向丈夫袒露她的难处，请求丈夫过来做帮手或主厨，她心中的怨气也就没有了。丈夫只觉得“走开”刺耳，却没洞察到隐藏在这两个字背后的妻子的真实需要。其实丈夫不是不愿做，是不知道今天很需要他做。如果妻子把“就知道吃”换成“我很累，亲爱的，你能帮我一把吗？”只要这么简单的一变，局面肯定就变成另外一种样子了。

一个高情商的人是不会去掩饰情绪的，而是会去积极主动地管理自己的情绪。想要管理情绪，就需要先了解情绪。

情绪具有两极性，比如：积极和消极的情绪、紧张和轻松的情绪、激动和平静的情绪等。

积极和消极的情绪是情绪两极性的典型表现。积极、愉快的情绪会激发人们工作的热情和潜力，使人充满信心，努力工作；消极的情绪如悲伤、郁闷等，消极情绪若不适时疏导，轻则败坏情致，重则使人走向崩溃。

对于人来说，同一种情绪也可能同时具有积极和消极的作用。比如，恐惧会使人紧张，抑制人的行动，减弱人的正常思维能力，但同时也可能调动他的潜力，促使他向危险挑战。

紧张和轻松是情绪两极性的另一种重要的表现。紧张总是在一定的环境和情景下发生，比如客观情况赋予人需要的急迫性、重要性等，人们在这种时候就极易产生紧张情绪。当然，紧张也决定于人的心理状态，比如脑力活动的紧张性、注意力的集中程度、活动的准备状态等。

通常情况下，紧张能对人活动的积极状态产生显著的影响。它能引起人的应激活动，产生对活动有利的一面。但过度的紧张则可能使人产生厌恶、抑制心理，并导致其行为的瓦解和精神的疲惫，甚至崩溃。

情绪的两极性还可以表现为激动和平静。爆发式的激动情绪强烈而短暂，如狂喜、激愤、绝望等。而平静的情绪状态在人们的日常生活中占据着主导地位，人们就是在这种状态下从事持续的智力活动的。

通常情况下，情绪的两极性表现为肯定和否定的对立性质：比如满意和不满意、愉快和悲伤、爱和憎等。而每两种相反的情绪之间又存在着许多程度上的差别，具体表现为情绪的多样化形式。

虽然两种情绪处于明显的两极对立状态，但它们仍可以在同一事件中同时或相继出现。例如，儿子在保卫祖国的战争中牺牲了，父母既体验着英雄为国捐躯的荣誉感，又深切感受着失去亲人的悲伤。

每个人都有情绪，只有了解了情绪，才能管理并控制情绪，才能发挥其积极作用。快乐生活快乐工作，这是情绪管理的目标。

爱情保鲜法则，开始于真正的理解，发展于触及实质的交流，结束于以爱回报的互助。静思一下，我们不难发现，有些时候将你的坏情绪或者好想法在合适的时间告诉你的另一半，那么坏情绪就能被纾解而不会影响夫妻感情；好的想法也会被对方欣然接受，而不是随口否定惹得双方都不开心。

那么，如何表达你的坏情绪和好想法才能起到爱情保鲜的作用呢？以下六条“爱情保鲜法则”可以给你提供一些帮助。

◎晨起提意见

常言道：“一日之计在于晨。”为了新的一天里更好地生活和工作，夫妻俩可以在起床后进行一些简单交流，有什么意见和看法，在临上班前提出来最适宜。

◎回家展幽默

一天的辛苦工作之后，夫妻双方都会很疲惫，有时还会把工作中的压力带回家，此时难免会心情不好。所以，夫妻二人回家初碰面的那一刻，不应是发泄的时候，而该是“营造气氛”的时机，为整晚营造一份好心情。

◎吃饭寻开心

餐桌上，是夫妻二人最好的交流地点。吃晚饭时，夫妻最好在饭桌上谈些开心的事儿，来冲淡一天的焦虑和烦躁。愉快的心情可以增加食欲，消除一天的疲惫，增进彼此的了解，这对于特别忙的夫妻更为适用。

◎饭后做家务

饭后，夫妻俩应共同收拾、洗涮一番。边做家务边聊天，是夫妻间最好的一种交流方式，既是“男女搭配，干活不累”，又很好地沟通了夫妻情感，表示出了做丈夫的对妻子的尊重和做妻子的对丈夫的体贴。

◎电视要休息

如今电视频道越来越多，如果进行“长期作业”，就减少了夫妻间语言、心理和思想上的交流。所以，当夫妻俩看完一个精彩的电视节目之后，最好来一个“中场休息”，转换到“夫妻频道”上来，关上电视机，两口子当一回“节目主持人”，来一通“侃大山”。

◎睡前多赞美

入睡之前，对爱人的赞美无疑是一首动听的“催眠曲”。想一想，爱人在这一天中，做成了哪些事，有什么不平凡的表现，这时认真地总结出来，给予赞美，当可舒筋活络，松弛神经，一夜好眠。

学会给人戴高帽

包汀火车厂董事长撒慕尔·华克莱曾说过：“假如你尊重一个人，那么一般情况下，这个人是很容易诱导的，尤其是当你显示出你尊重他是因为他有某种能力时。”

总之，你若要在某方面去改变一个人，就把他看成他已经具有了这种杰出的特质。莎士比亚曾说过：“假如你没有一种德行，就假装你有吧！”更好的是，公开假设或宣称他已有了你希望他有的那种德行。

有一位妇女，抱着小孩上火车。由于人多，他们上车后位子上已经坐满了人。但是，这位妇女旁边，有一位年轻的小伙子正躺着睡觉，一个人占了两个人的位子。孩子哭闹着要座位，并用手指着那个男青年，想让他把座位让给自己。谁料，那个男青年却假装没听见，依旧躺在那里睡觉。这时，那位妇女用故作安慰的口吻对孩子说：“这位叔叔太累了，等他睡一会儿，就会把座位让给你的！”听了妈妈的话，小孩也没有再说什么了。

几分钟后，那个男青年一副似乎刚刚睡醒的样子，然后站起来，客客气气地把座位让给了母子俩。

小孩子单纯地索要，男青年并没有让座，而妈妈一句安慰，却赢得了男青年主动而客气地让座。这是为什么呢？要知道，这位妇女之所以能成功，妙就妙在她顺势制宜，对那位男青年采取了尊重礼让的方法，给他设计了一个“高尚”的角色：他是一个善良的人，只是由于过度劳累而无法施善行。趋善心理使得小伙子无法拒绝扮演这个善良的角色。

正如《三字经》里有句话，“人之初，性本善。”从广义的角度而言，是说一个人在进入新的领域时，都是抱着一种善良、美好的行为去工作、去学习、去交友，等等。后天的生活习惯和环境变化才造成了人的各种行为的差异，导致背离“善”的现象。

作为这个星球上最有智慧的生物，我们每个人都在内心里将自己理想化，都喜欢为自己行为的动机赋予一种积极向上的解释。这就是为何大家都希望听到夸奖，而不是贬低。也正因如此，我们就可以通过赋予他人一种高尚的动机，实现改变对方、影响对方的目的。

某房屋租赁公司有一位不满意的房客，在租约尚有四个月没到的情况下，恫吓要搬离公寓。按当时规定，那间公寓每个月的租金是550元，可是房客声称立即就要搬，不管租约那回事。要知道，当时是淡季，如果房客立即搬走，房子是不容易租出去的。对于租赁公司来说，2200元就不翼而飞了。

租赁公司的很多工作人员都认为，此时应该找那个房客谈谈，要他把租约重念一遍，并向他指出，如果现在搬走，那四个月的租金仍须全部付清。可是，有个聪明的工作人员却采取了另外一种办法。

他对房客说：“先生，我听说你准备搬家，可是我不相信那是真的。我根据自己多方面的经验来推断，看出你是一位说话讲信用的人，而且我可以跟自己打赌，你就是这样的一个人。”房客静静地听着，没有作特殊的表示。

他接着又说：“现在，我的建议是这样的，将你所决定的事先暂时搁在一边，你不妨再考虑一下。从今天起，到下个月一号应缴房租前，如果你还是决定要搬的话，我会答应你，接受你的要求。”他把话顿了顿，继续说道：“那时，我将承认自己的推断完全错误。不过，我还是相信，你是个说话有信用的人，会遵守自己所立的合约。因为，到底我们是人还是猴子，那就在我们自己的选择了。”

很多人想不到的是，到了下个月，那位房客主动来缴房租了。他还告诉工作人员，跟太太商量后，他们决定继续住下去。他们认为，最光荣的事，莫过于履行租约。

不难看出，想达到改变他人的目的，你不妨找一顶实现这件事能表现出的高尚帽子，然后恭敬地戴到对方头上，很少有人会拒绝的。比起通过批评甚至辱骂的方式来强迫别人做事，这种方式显然更加完美。

男人也需要赞美

不要以为甜言蜜语只能从男人的口中发出来，女人也应该不失时机地对男人说一些让他高兴的话。因为无论男人还是女人，都需要心灵的滋养，只不过女人说甜言蜜语的方式与男人要有所区别。

许多婚姻专家认为，在处理夫妻关系时，如果你真正爱对方的话，有时对一些特定的想法和感受反倒要秘而不宣，甚至要说点甜蜜的谎言。

一位个子不高的丈夫问他的妻子："你是否希望我是个身高腿长的男人？"他的妻子如果照实回答肯定会伤他的心，因为身材矮小是天生的，无法补救。所以妻子可以将事实修饰一番后再来回答丈夫。她可以说："如果我真想找高个的，我早就和那样的男人结婚了。而实际上并非如此，我嫁给了你，我就要你这样的。"

这样回答肯定会让丈夫满意，因为妻子强调了她更爱丈夫所具有的比腿长个高更有意义的特质。一句话将女人的温柔体贴体现得淋漓尽致。

每天对自己所爱的人多说几句好听的话吧，不要觉得害羞。如果几句甜言蜜语就能让你的丈夫高兴，那么让彼此的关系更亲密不是很简单的事情吗？

——如果他去进修，你可以告诉他：你很爱他这种好学不倦的精神。

——如果他参加任何类型的义务团体，你可以告诉他：能把时间运用在理想的目标上真好。

——如果他和孩子们玩耍，你可以告诉他：孩子能有他这么一位爸爸真是太幸运了。

——如果他说话很逗趣，你可以告诉他：你欣赏他的幽默感。

——如果他擅长说恭维的话，你可以告诉他：能拥有这么一位善解人意的丈夫真是福气。

——如果他很爱说话，你可以告诉他：聚会中有他才有生气，他是聚会的生命。

——如果他不爱说话，你可以告诉他：他真是一位难得的听众，他为你带来了无比的安宁与平静。

——如果丈夫总是在外面和朋友玩到很晚才回家，你可以对他说："晚上，你不在家里我会害怕。"这一句话既满足了丈夫作为家庭保护神的虚荣心，也表达了你对他的依恋之情，同时还委婉地暗示了你深爱着他、生怕他被别的女人抢走的心理。

——如果你总是在他耳边说着这样的甜言蜜语，那么任何男人都会为之动容，爱你的人也会更加爱你。不要认为只有女人爱听甜蜜的话，男人也是一样的，让他感受到你的爱意，他会更加疼爱你。

不过，虽然含蓄的方法能滋生出浪漫的情调以增进彼此双方的感情，但用起来也需要注意你的措辞。弯子拐得太多太隐晦就不好了，最好是用那种大家都能听明白的方式说出来，而且这种方式最好是用在关系稳定持久的情侣或是夫妻之间，这样就会比较讨巧而不讨嫌。但倘若你无论见到任何异性都用此招的话，那就极有可能被人当作一个滥情的水性杨花之流！

人们都说女人是用耳朵来生活的，赞美是女人生命中的阳光。然而，男人也一样，他们一样喜欢听到他人对自己的肯定和赞美，因为这会让他们有一种价值感，并由此充满自信。可以说，恰到好处的赞美是打在男人身上的一针强心剂。

如何赢得男人的爱，怎样才能让男人对你死心塌地，这是一门艺术，是一门需要用良好的口才去细心经营的艺术。女人都希望自己的爱情之树常青，那么请不要吝惜你的甜言蜜语，向你的另一半大胆地说出你的爱吧！

Part 5

说出口的话比心里的话，多一件衣服

——情商高的人，人情味也浓

多用“建议”，而不用“命令”

任何人都是有自尊、讲面子的，所以在说服他人的过程中，多用与他商量的口气给他建议而少下命令，这样不但能避免伤害别人的自尊，而且会使他觉得你平易近人，进而乐于接受你的建议，与你友好地合作。

美国著名人际关系学大师戴尔·卡耐基在其讲座中曾提到过关于“石油大王”洛克菲勒的助手司华伯的一个故事：

一天中午，司华伯偶然走进他管理的一家钢铁厂，看到几个工人正在“禁止吸烟”的牌子下吸烟。这个时候，司华伯完全可以指着那面牌子对工人们吼：“你们难道不识字吗？”但是他并没有这么做。

司华伯走到那些工人面前，拿出烟盒，给他们每人一只雪茄，并且说道：“嗨，弟兄们，别谢我给你们雪茄，如果你们能到外面吸烟，我就更高兴了。”那些工人们也认识到了自己的错误，乖乖地收起雪茄干活去了。

从此之后，工人们更加喜欢司华伯，工作起来也更加卖力了。是啊，看到他们犯错，司华伯不但没有当面责备，而且还递给他们每人一只雪茄，像这样的人，你能不喜欢他吗？

在平时的工作中，我们经常需要他人帮忙。如果你是领导者，在要求下属为自己做某些事情或下达任务时，发号施令更是一件很常见的事情。可是，怎样说话才能让别人乐于积极、主动、出色、创造性地去帮助你完成工作呢？

一些情商不高的人经常这样说：“小李，把这份材料赶出来，你必须尽你最快的速度，如果明天早上我来到办公室，在我的办公桌上没有看到它，我将……”或者是：“你怎么可以这样做？我说过多少次了，可你总是记不住。现在把你手中的活儿停下来，马上给我重做……”

类似这样强硬的命令式的话，别人一定会面色冰冷地拒绝，或者极不情愿地去完成它，而不是做好它。

可是，等工作交上来后，你大为失望，不禁有些生气：“好了！看来你只是个平平庸庸、毫无创新意识的人而已！我对你的期望很高，可你总是表现得令人失望！就凭你这个样子，永远也别想升职……”

这样，你与他人的关系就完完全全地进入了一种“恶性循环”。

如果换一种说话方式呢？结果可能就会大不一样了。“小李，这份材料我有急用，麻烦帮个忙，尽快赶出来，好吗？”相信这份尊重会促使小李就算加班也毫无怨言地一丝不苟地完成它。

尊重他人就是尊重自己。所以，一定要多用“建议”，而不用“命令”。这样，你不但能使对方维持自己的人格尊严，而且能使其积极主动、创造性地完成工作。即便是你指出了别人工作中的不足，对方也会乐于接受和改正，与你合作。

杰克是一家小型加工厂的经理，有一次，一个客户送来一张大订单。可是，工厂的活已经安排满了，而订单上要求的完成时间，短得使他不太可能去接受它。

可是，这是一笔大生意，机会太难得了。

杰克并没有直接下死命令，要求工人们加班加点地来赶这张订单，他只是把全体员工召集在一起，对他们说了具体的情况，并且向他们说明，假如能准时赶出这张订单，对他们的工厂会有多大的意义。

“我们有什么办法来完成这张订单吗？”

“有没有人有别的办法来处理它，使我们能接这张订单？”

“有没有别的办法来调整我们的工作时间和工作分配，来帮助整个工厂？”

工人们提供了许多意见，并坚持接下这张订单。他们用一种“我们可以办到”的态度来对待这张订单，并且如期完成了。

待人温厚一些，多用商量的语气，就能够把你“要他做的事情”变成“他要做的事情”。所以，说服他人时，我们最好别用命令的口吻，否则，不但达不到你想要的说服效果，还可能使事情越弄越糟。多使用建议的口吻，人们就会认为自己被尊重了，会更乐意配合你的工作，而不是反抗你。

永远别对人说“你错了”

我们总是倾向于认为自己是对的，尤其是当与人意见相左的时候，很少人能够愉快地认同别人的观点。但是，我们真的一直是对的吗？美国前总统西奥多·罗斯福曾公开承认，他对自己判断正确率的最高期望是75%。如果连罗斯福总统的判断正确率都只有75%，那我们普通人又该当如何呢？

卡耐基曾开玩笑地说：“如果你确定你的判断准确率能达到55%，你就可以到华尔街去日进斗金。如果你不能确定自己的判断是否有55%是对的，那你凭什么去指责别人‘你错了’？”况且，对方绝不会因为你指出了他的错误，就同意你的观点——换了你，你也不会！因为你的做法无疑已经伤害了他的智力、判断、荣誉和自尊，这个时候，就已经不是单纯的是非对错的问题了。

有一次，大卫请了一位室内装潢师设计家中的窗帘，但是等设计完成之后，大卫才发现这个窗帘花费的费用实在大得有点惊人。

几天之后，有一个朋友来大卫家玩，一眼就看到了大卫家里的新窗帘，便随口问了下价钱。当大卫把窗帘的价钱告诉那位朋友之后，朋友和刚收到账单时的大卫一样吃惊：“什么？别吓人！我想你是受骗了！”

他说的是实话，大卫本人也认同这一点，但是听到这样的论断还是很不舒服。为了不让自己显得像个容易受骗的“冤大头”，大卫开始为自己辩解，提出一分价钱一分货、便宜非好货等道理。当然，两人争得面红耳赤也没争出结论来。

第二天，另一个朋友来访，与第一个朋友不同的是，他对那些窗帘赞不绝口，还说自己要努力工作，争取也能够买得起这么漂亮的窗帘。这个时候，大卫的态度却和昨天截然不同了："啊，老实说，这个窗帘我买贵了，真后悔没先问好价钱，我似乎感觉我受骗了。"

当我们犯错的时候，也许会私下承认。当然，假如别人的态度委婉一些，我们也会向他们承认自己的错误。但是，如果对方过于直接，让你感到很难堪，这种情况下，是非对错就要让位于"尊严之争"了。

由此我们得出结论，如果我们过于直率地指出别人的错误，再好的意见也不会被对方接受，甚至会受到很大的伤害。因为你剥夺了别人的自尊，也让自己成为了讨论中不受欢迎的人。

所以，千万别对人说"你错了"，更不要一开始就宣称"我要证明给你看"。因为你这样的做法无疑是在告诉别人：我比你聪明，而你是个一无所知的大笨蛋。在这种情况下，能够避免一场冲突就已经很难得了，要想改变对方的观点根本就无从谈起。

确实，正气凛然地说出"你错了"是一件非常过瘾的事情，而强忍着不纠正别人的错误也会让人很憋屈。但是，如果连这点克制情绪的能力都没有，那么情商和社交商又从何谈起呢？毕竟，那只能弄巧成拙，凭空给自己添麻烦。

如果你想证明什么，别让任何人知道，而且应不着痕迹，很讲究技巧地去做。正如诗人波普所说："你在教人的时候，要好像若无其事一样。事情要不知不觉地提出来，就好像被人遗忘一样。"

既然我们不可能比苏格拉底更加聪明，那么从现在开始，不要再说“你错了”这三个字。即使你认为有些人真的错了，你也应该这样讲：“啊，慢着，我有另一个想法，不知对不对。假如我错了的话，希望你们纠正我。让我们共同来看看这件事。”这一表述方法确实很奇妙，尤其是这句话传达了这样的信息：“我可能不对，让我们一起来寻找正确的答案吧。”没有人会反对这样的提议的。

不要和任何人发生冲突。当你想要纠正别人的错误时，你第一要做的是，千万别说“你错了”。别指责他们的错误，因为那只会惹他们动怒，把问题从“是非”引向“尊严”。如果非得与人发生对立，至少你得运用一点技巧。

对于他人的无理要求，你要这样拒绝

俗话说："有理走遍天下，无理寸步难行。"不过，在现实生活中，我们却总会遇到一些无理的要求。很多时候，这些要求会让我们不知所措。盲目答应当然不行，因为这会导致自己心生委屈而产生消极能量，影响自己的办事效率；严厉地拒绝也非最佳之选，因为这会引起双方的矛盾，阻碍双方之间的沟通。

那么，怎样才能解决这个棘手的问题呢？下面的两种解决方式可以使你既能拒绝对方，又能不惹恼他，是处理这类难题的首选。

◎采取"略地攻心"的方法，让对方主动放弃

一位语文老师的弟弟因为一场纠纷被人告上了法庭，而接案的法官恰恰是她昔日的得意门生。一天晚上，这位老师前往学生家，希望他能念在师生的情面上，帮帮她弟弟。这位学生显然有些为难，既不能枉法裁判，又不能得罪恩师。于是，他说："老师，我从小学到大学毕业，您一直是我最钦佩的语文老师。"

老师谦虚地说："哪里哪里，每个老师都有他的长处。"

学生接着说："您讲课抑扬顿挫，声情并茂。尤其是上《葫芦僧判断葫芦案》那一堂课，至今想起来仍记忆犹新。"

老师很快就进入了她教师的角色："我不仅用嘴在讲，也是用心在讲啊。薛蟠犯了人命案却逍遥法外，反映了封建社会官官相护、狼狈为奸的黑暗现实。”

学生接着感叹道：“记得当年老师您讲完这一课，告诫所有学生，以后不论谁做了法官，都不能做‘糊涂官’，判‘糊涂案’，学生一直以此为座右铭呢。”

本来这位语文老师已设计好了一大套说辞，但听到学生的这番话，再也不好意思开口了，自动放弃了不合理的请求。

这位学生用的就是“略地攻心”的技巧，先用一句恭维的话，给老师戴一个“高帽”，让其心理上获得满足；接下来又顺着老师的话提出自己的看法。这时，老师为了对自己说过的话负责，为了维护身为教师的尊严，不得不放弃了自己的请求。

◎采用“类比”的方法来反驳对方

A公司的经理在一次业务谈判中受到了B公司的谈判人员的顶撞。为此，他气冲冲地找到B公司的经理，吼道：“如果你不向我保证，撤销上次那个蛮横无理的谈判人员的职务，就是没有诚意和我公司达成协议！”

B公司的经理听了微微一笑，说：“对于谈判人员的态度问题，是批评教育还是撤职处理，完全是我们公司的内部事务，无须向贵公司做什么保证。这就如同我们并不要求你们的董事会一定要撤换与我公司谈判人员有过冲突的经理的职务，才算是你们具有与我公司达成协议的诚意一样。”

怒气冲冲的A公司经理顿时哑口无言。在这里，B公司经理就巧妙地运用了类比的技巧。虽然说这两家公司有很多不同之处，但有一点却是相似的，即两家公司对发生冲突的经理或谈判人员的处理完全是各公司的内部事务，与有没有诚意合作无关。前者属于过分曲解事实，想要故意混淆视听，搅乱后者的思路。但是，后者保持着头脑的清醒，没有上当。

在与他人沟通的过程中，我们总会遇到提出无理要求的人。这时，我们需要保持清醒的头脑，不要被对方搅得思路大乱，或者一时心软就答应对方，但日后又后悔不已；要理智地分析事情的重要性，坚持自己的立场。这样，我们就可以条理清晰地表达出自己的观点，从而使自己在交往中处于有利的地位上。

刮胡子前先涂肥皂水，不痛

严苛的批评是无益的，它只会迫使被批评者在心理上采取防卫措施，使他刻意地为自己的行为寻找合理的解释。批评就像是个危险的火花塞，足可引爆人们心中的虚荣与自尊，甚至引发更严重的后果。

我们知道，并不是所有的批评都可以达到批评的目的，只有被对方从内心接受的批评才能生效。这就意味着，虽然批评是有道理的，但并不等于就一定能被对方接受，因为批评通常不是在心平气和中进行的。

其实，人的心理需求都是一样的，渴望被周围人尊重的心理特别强烈，而对于被人轻视都表示非常厌恶。所以，情商高的人在批评别人时就会特别细心地照顾到对方的这种感受，比如采取先赞美后批评的方式。

美国第30任总统柯立芝刚上任时，聘用了一个女秘书协助他。这位女秘书长得年轻漂亮，但是工作中却屡屡出问题，不是字打错了，就是时间记错了，给柯立芝造成很大的困扰。

有一天，女秘书一进办公室，柯立芝就夸奖她的衣服很好看，盛赞她的美丽，女秘书受宠若惊，但是柯立芝接着说："相信你的工作也可以像你的美貌一样，都能做得很漂亮。"

果然，从那天起，女秘书的公文就没再出过错。身旁的其他工作人员好奇地问总统："你这个方法很巧妙，是怎么想出来的？"

柯立芝淡淡一笑说道："这很简单，你看理发师帮客人刮胡子之前，都会先涂上肥皂水，涂肥皂水的目的就是使人刮起来不会感觉痛，我不过就是用了这个方法罢了！”

柯立芝通过先赞美女秘书的漂亮衣服给她一个喜悦的心情，然后再巧借对比说出希望她把工作也做得如此漂亮的要求。这样一来，柯立芝就巧妙地将他对工作的严格要求委婉地传达给了女秘书。自尊心并没有受到伤害的女秘书自然会心甘情愿地、不带任何抵触情绪地接受了。

既然涂上一些肥皂水，刮起胡子来才不会痛，为何不在批评之前先给对方涂上一些“肥皂水”呢？

假如一个认真负责的好工人变成了粗制滥造的差工人，你会怎么做？你可以解雇他，但这并不能解决任何问题。你可以责骂那个工人，但这只能引起怨怼。最聪明的做法是，先谈论他以前的出色表现，然后再指出他现在的问题，让他觉得你对他仍抱有很高的期望，激起他奋起改进的决心。

亨利·汉克是印第安纳州洛威市一家卡车经销商的服务经理，他公司里有一个叫希尔的工人的工作质量每况愈下。但亨利·汉克没有对他吼叫或威胁他，而是把他叫到办公室里来，与他进行了一次坦诚的谈话。

亨利·汉克说：“希尔，你是个很棒的技工。你在这里工作也有好几年了，你修的车子顾客都很满意，有很多人都称赞你的技术好。可是最近，你修好一辆车子所需的时间变长了，而且质量也比不上你以前的水平。也许我们可以一起来想个办法解决这个问题。”

希尔老实回答说，他最近在工作上确实有些懈怠，所以没有尽到职责。但他向上司保证，接下来一定改正，不再让上司失望。

这位工人会认真起来吗？答案是肯定的。他曾经是那么优秀，没理由不将这种优秀继续下去。当你给对方一个美名，他会自觉地检讨自己的行为是否符合这个美名，从而加以改进。这种方式的批评不但不会令对方难堪，反而会使他乐意做出改变。

我们在批评他人时，如果语气委婉，被批评者就会比较容易接受。因为对方认为你的委婉是给他面子，所以就会在感激之余积极地改正缺点。反之，如果批评者语气生硬，对方就会认为你伤了他的自尊，进而心生反感，这样的批评多半会达不到目的。

只意会、不言传的拒绝让姐妹情更浓

不论是在职场还是在生活中，热情帮助别人，对别人的困难有求必应，肯定有助于建立融洽的人际关系。但经常会发生这样的事，即别人求助于你的恰恰是令你感到为难的事。帮忙吧，自己确实有难处；不帮忙吧，又怕人家说你的闲话。还有的时候，你必须对别人的提问进行回答，一般说来，肯定的、合乎对方期望的回答往往能使提问者感到愉快，而否定的回答，尤其是直截了当地说“不”，则会使提问者感到失望和尴尬。由此可见，说“不”需要很大的勇气。

拒绝是一门艺术、一门学问，能体现一个人的综合素养。当别人对你有所求而你又办不到，不得已要拒绝的时候，最好用婉言拒绝的方式。与直接拒绝相比，婉言拒绝更容易被人接受。因为它在更大程度上顾全了被拒绝者的颜面。

“国民励志女作家”咪蒙在教大家如何高情商地好好说话的文章中，就提到了“包装”拒绝的一个绝招——拒绝别人，可以先自责。

比如很多人找我约稿，我就会说“我人品特别差，是个超级拖延狂，经常放鸽子。我对你最负责任的做法，就是不接这个稿子，真的，请谅解”。别人只好说“好吧，那以后有机会再合作”。

在对方提出请求后，不要马上回答，而是先讲一些理由诱使对方自我否定，自动放弃原来提出的请求，以减少对方遭到拒绝后的不快。咪蒙的这一拒绝方法确实方便好用，值得我们每一个人借鉴。

两个打工的老乡找到在城里工作的李芳，诉说打工的艰难，一再强调宾馆住不起，租房又没有合适的，言外之意是要借宿。李芳听后马上带着愁闷的神情暗示说："是啊，城里比不了咱们乡下，住房可紧了。就拿我来说吧，这么两间耳朵大的房子，住着三代人，我那上高中的儿子，晚上只得睡沙发。你们大老远地来看我，本该留你们在我家好好地住上几天，可是现实条件却不允许啊。"两位老乡听后，就非常知趣地走了。

拒绝别人，如果处理得不好，很容易影响彼此的关系，所以拒绝别人的时候最好绕个弯说出你的"不"。人都是有自尊心的，一个人有求于别人时，心里难免会惴惴不安，如果你一开口就说"不行"，势必会伤害对方的自尊心，引起对方强烈的反感。如果不明说但话语中让他感觉到"不"的意思，从而委婉地拒绝对方，就能够收到良好的效果。所以，掌握好说"不"的分寸和技巧就显得很有必要。

◎通过幽默的话拒绝别人

在拒绝别人的时候加入一些幽默，不仅不会让对方感到难堪，而且你自己心里也不会有太多的压力和内疚。

◎借故推托

例如，一位同事想请你到他家吃饭，以便求你帮个忙，你不便直接说"不"，就可找个理由推辞。你可以说家里有事不能去。这时，别人一般就会明白你的意思了。

◎**用答非所问的方式，婉拒对方的建议**

例如，一位朋友邀请你星期天去看电影，你不想去时可以回复他说：“划船也不错，咱们去公园划船吧。”这样一来，对方一听就知道你不想答应他的邀请。

◎**拖延回答**

例如，一位老乡对你说：“你今晚到我这来玩吧！”你不想去时可以说：“今天恐怕不行了，改天我一定会去的。”这样的话听起来比“没空，去不了”的回答，更易于被对方接受。至于下次什么时候来，其实也并没说清楚。

◎**先扬后抑**

对于别人的一些想法和要求，你可以先找出其中你同意的部分加以肯定，然后再表达你的反对意见。这样既不会伤害对方的感情，也将自己的想法表达了出来。

批评不公开，效果会更好

法国文学家伏尔泰曾说过："自尊心是一个膨胀的气球，戳上一针就会引发大风暴。"我们避免社交风暴的最佳策略之一，就是帮别人看住面子。每给别人一次面子，就可能增加一个朋友；每驳别人一次面子，就可能创造一个敌人。

每个人都难免有犯错的时候，都有可能在一些公开的场合犯一些愚蠢的低级错误。面对这种情况应该怎么办？是当场指出别人的错误，还是先忍下，在私底下指出来？作为讨人喜欢的说话方式，私下指出应该是上策。

在别人犯的错误比较严重时，我们应该以私下谈心的方式委婉指出，急风暴雨不如和风细雨，当场训斥不如私下平心静气地指出问题、解决问题。只有拥有了一颗宽容的心，别人才能感受到你的真诚，在你指出他们错误的时候才能心悦诚服地接受。

指出错误多是发生在角色地位并不平等的人之间，比如上司对下属，老师对学生。这些情况下可以公开指出别人的错误吗？当然不应该，即使在这种情况下，也应该维护对方的面子。

刘兰老师班上有个女生很优秀，有一段时间她看到别人比自己成绩好，心里就有些不平衡，跟同学说话总是冷嘲热讽，甚至对老师也缺乏礼貌。刘老师通过网上聊天工具和她聊天，直言不讳地指出了她的错误心态，并且鼓励她继续努力，迎头赶上。这个女生很感激，情绪理顺了，心态也端正了。

对于其他有这样那样缺点的学生，刘老师也尽量采取类似方法。一位学生说："刘老师照顾我们的面子，我们也会尽力改正。"一位教育专家这样评价刘老师："刘老师这样做是讲策略，育人工程最复杂，关键要用心！"

有一次，刘老师经过教室，听到一位同学用粗话骂老师，她装着没听见，事后私下把那位同学请到办公室，告诉他老师已经听到他说的那句话，但不想当着全班人来批评，这是为了尊重他。学生很诚恳地承认了自己的错误，并向当事老师道了歉，后来，这个学生变得很有礼貌。

刘老师可谓深谙批评之道，要想让对方接受你的批评，前提是不伤及对方的面子，最好的办法就是私底下指出来。做人没必要像炸药似的一点就着，看到别人犯一点错就横加指责，这种做法不仅会伤了对方的自尊心，还会给他人留下脾气暴躁的印象。会说话办事的人都懂得在私下里和对方沟通，平和地指出对方的错误，并帮助他们找到恰当的改正方法。除此之外，他们还会肯定对方已经做得很好的部分，以免让他们丧失信心。

其实，很多人犯错都是无心之过，可在私下为其指出来，或以含蓄说明、暗示的方式使其意识到自己的错误。这样既能维护他人的面子，又能达到帮他改正缺点的目的。

当你因为某人的错误想对他发火批评时，可以先反问自己："处理这件事最合乎人性的方法是什么？"那么，你会发现，向对方发火只是发泄了你的怒气，伤了对方的自尊，伤了你们之间的和气，但对于事情的解决没有任何帮助。所以，当别人因为一时疏忽把事情弄糟时，选择在私底下指出其错误，既是对别人的尊重，也会赢得别人对你的尊重。

虽然生气的时候谁都很难控制自己的情绪，但也正是在这样的情况下最能体现一个人素质的高低。想做别人口中“会说话的人”，不是只靠说两句贴心的话就可以。有些人一有不愉快就破口大骂，而不管场合、地点、当事人的特殊情况。如果你在怒火中烧的时候还能理智地分析现场情况，还能照顾到对方的面子，把问题带到私下解决，或者用其他不伤人自尊的方法解决，那么所有人都能看到你的宽容、你的大气。

总之，批评他人时，如果语气委婉，被批评者就会容易接受。因为对方会认为，你的委婉给足了自己面子，感激之余，自然会积极地改正缺点。反之，如果批评者语气生硬，对方就会认为你伤了他的自尊，这样不仅达不到批评的目的，还可能让对方心生反感，既影响了工作，也会使得彼此的相处变得很尴尬。

攻心的批评方式：借己说人

居高临下地批评人最容易伤害对方的自尊，如果在批评他人之前先谈一谈自己从前犯过的类似错误，那么不仅可以让对方认识到自己的错误，而且还可以营造出坦诚相待的良好的批评氛围，从而使对方更容易接受批评并改正错误。

英国行为学家波特曾指出："当遭受许多批评时，下级往往只记住开头的一些，其余的就不听了，因为他们忙于思索论据来反驳开头的批评。""借己说人"的批评方式实际上相当于给了被批评者一个台阶，让他可以坦然承认自己的错误，而不必为了维护面子去费神地想各种理由进行反驳。

有个叫约瑟芬的食品店店员，在一次运货时因马虎而使食品店损失了两箱果酱。为此，食品店老板对他进行了如下一番批评：

"约瑟芬，你犯了个错误，但上帝知道，我犯的许多错误比你还糟。比如，有一次我竟然将两大箱西柚在运输过程中弄丢。任何人都不可能天生就万事精通，那只有在实际的经验中才能慢慢获得，而且，你在这方面比我强多了。你看我曾做出那么多愚蠢的事，所以我不愿批评任何人。但你难道不认为，如果你换一种做法，搬运货物时更加细心，那么事情会更好一点吗？"

约瑟芬愉快地接受了老板的批评，从此做事认真多了。

作为长辈或上级，把自己曾经的过错暴露在晚辈或下属面前，目的不在于做自我检讨，而在于以自己的感悟来教育对方。这种借己说人的方法，让我们看到了融自我批评于批评之中的魅力与效用。承认自己曾经也犯过许多愚蠢的错误并不会有损我们在别人心目中的形象，相反，别人会因为你的坦诚而放下自己的反击心理，用同样的诚恳态度认真反思自己的过错。

1964 年，日本轻型电器业界因受经济不景气的影响而动荡不安，于是松下电器公司决定召开全国销售会议。

由于会议中反映出不景气的状况，所以空气中充满了火药味。在 170 家公司中，只有 20 多家经营良好，其他约 150 家公司的经营都出现了极严重的赤字。

“有什么意见都可以说出来。”松下电器创始人松下幸之助先生刚说完，某销售公司的经理立即冲破水闸般地发泄起了他的不满：“今天赤字到了这种地步，主要原因是松下电器的指导方针太差，作为公司的负责人一点都不检讨自己是否有不足之处……”

“我方的指导当然有误，可是再怎么困难也还有 20 多家同仁获利。各位不觉得是你们太缺乏独立自主的精神，太依赖他人，才会招致今天的后果吗？”松下幸之助先生反驳道。

接下来的两天时间里，松下幸之助先生就站在台上不断地反驳他们的意见，而他们也立即反击，大骂松下电器公司。就在会议即将结束，决裂的局面即将出现时，情况发生了转折性的变化。

第三天最后一次会议上，松下幸之助先生走到台上说道：“过去两天多的时间大家相互指责，该说的都说了，我想没有什么好再说的了。不过，我有些感想，想给大家讲讲。过去的一切，走到今天这个地步，所有责任我们要共同承担。松下电器有错，身为最高负责人的我在此诚心向大家致歉。今后我将会精心研究指导方针，让大家能稳定经营，同时考虑大家的意见，不断改进。最后，请原谅松下电器的不足之处。”说完，松下幸之助先生向大家鞠了一躬。

整个会场顿时安静了下来，每个人都低着头，半数以上的人还拿出手帕擦泪。

“请董事长严加指导。我们的缺点太多了，应该反省，也应该多加油去干！”

随着松下幸之助先生的低头，每个人胸中思潮翻涌，随后又相互勉励，发誓要奋起振作。

由此可见，自我批评比针锋相对的辩论效果要好得多。很多人被批评，由于丢不下面子所以直言反驳，如果在批评别人之前先做自我批评，就不会让对方感到难堪，还可以营造出一种大家共同承担责任的良好氛围。

不过，能否用好此法关键在于，所提到的自己的错误必须真实可信，而且最好跟批评的主题相关。如果随意乱编例子、胡乱批评自己、拿自己开涮，则会显得很突兀并且缺乏真诚。只有在自我批评时持有一颗真诚之心，这样才会有说服力，被批评者也才会感同身受，诚心接受。最重要的是，这种方式的批评不会造成双方关系的恶化。

让"逐客令"变得有人情味

有朋来访，促膝长谈，交流思想，增进友情是生活中的一大乐事，也是人生道路上的一大益事。宋朝著名词人张孝祥在跟友人夜谈后，忍不住发出了"谁知对床语，胜读十年书"的感叹。

然而，现实中也会有与此截然相反的情形。下班后吃过饭，你希望静下心来读点书或做点事，但有些不请自来的话痨朋友总会缠着你，东拉西扯说个没完，一再重复你毫无兴趣的话题，还越说越来劲。你勉强敷衍着回应几句，虽然心里很想对其下逐客令，但又怕伤了感情，所以只好"舍命陪君子"。

鲁迅先生曾说："无端地空耗别人的时间，无异于谋财害命。"任何一个珍惜时间的人都不愿任人"谋财害命"。所以，要怎样对付这种说起来没完没了的人呢？最好的对付办法就是：运用高超的语言技巧，把"逐客令"说得美妙动听，既不挫伤对方的自尊心，又使其变得知趣。

要将逐客令下得有人情味，可以参考以下方法：

◎以婉代直

用婉言柔语来提醒、暗示滔滔不绝的客人：主人并没有多余的时间跟他闲聊胡扯。与冷酷无情的逐客令相比，这种方法比较容易被对方接受。

例一："今天晚上我有空，咱们可以好好畅谈一番。不过，从明天开始我就要全力以赴写工作总结，争取这次能评上优秀教师。"言下之意是：请您从明天起就别再打扰我了。

例二："最近我老公身体不好，吃过晚饭后就想睡觉。咱们是不是说话时声音低一点？"这句话用商量的口气，传递着十分明确的信息：你的高谈阔论有碍主人的休息，还是请你少来为妙吧。

◎以写代说

有些人对婉转的逐客令可能会意识不到。对于这种人，可以用张贴字条的方法代替语言，让人一看就明白。

话剧《陈毅市长》里有一位著名的科学家，在自家客厅的墙上贴上了"闲谈不得超过三分钟"的字条，以提醒来客：主人正在争分夺秒搞科研，请闲聊者自重。看到这张字条，纯属闲谈的人，谁还好意思喋喋不休地说下去呢？

根据具体情况，还可以贴一些诸如"我家孩子即将参加高考，请勿大声喧哗""主人正在自学英语，请客人多加关照"等字条，制造出一种惜时如金的氛围，使闲聊者理解和注意。字条是写给所有来客看的，并非针对某一位，所以并不会令某位来客难堪。

◎以热代冷

用热情的语言、周到的招待代替冷若冰霜的表情，使闲聊者在非常热情的主人面前感到今后不好意思多登门。闲聊者一到，你就笑脸相迎，沏好香茗一杯，捧出瓜子、糖果、水果，很有可能把他吓得下次不敢贸然再来。你用接待贵客的高规格，他一般不敢老是以贵客自居。

过分热情的实质无异于冷待，这就是生活辩证法。以热代冷，既不失礼貌，又能达到逐客的目的，效果之佳，不言自明。

因人而异，择言而施

孔子说“因材施教”，同样，批评也要因人而异，择言而施。没有人愿意被批评，也没有人愿意批评别人，当必须批评他人的时候，应因人而异，选择适当的方式。个性较温和的人遭到大声怒吼时，只会一味地退缩和保护自己，无法专心听人说教；而个性刚烈的人，则往往会因对方的斥责而愤怒，无法忍气吞声，通常会采取强硬的反驳手段与批评者争论。因此，情商高的人在批评别人之前会先考虑对方是哪种性格的人，然后再决定采取何种批评方式。

◎个性坦率直爽、性格开朗，心理承受能力强的人

这种人知错就改，喜欢直来直去，不喜欢拐弯抹角。对于这种人，你明确地指出其缺点和错误，他会容易接受。过多地绕圈子，反而会使他纳闷，产生误解，甚至是反感，认为这是你不信任他的表现。

◎头脑聪明、反应敏捷，接受能力强，而自尊心也很强的人

对这种人可以采用提醒、暗示、含蓄的语言，只要将错误和缺点稍稍点出，他们便会顺着你的思路，找到问题所在和改正错误的方法。

这种批评方式有两种呈现形式：

一种是面对本人，顾左右而言他，看似在讨论别人，其实是在说他自己。这种方法的关键是，必须找到相似的事物或相似的人，否则就会相去甚远，难以奏效。

另一种是面对众人，漫无所指，点出一些只有当事人才能心领神会的事情，给其以必要的心理压力，让他知道你是碍于情面，才没有揭发他。这时，他会在内心深处自我警醒、自我矫正。

◎自尊心强，脸皮薄、爱面子的人

对这种人应采用循序渐进的批评方式，把要批评的问题分成若干层次、若干阶段来解决。通过逐步输出批评信息，有层次地进行批评，使犯错误的人有一个心理缓冲的余地和一个提高认识的过程，从而一步步地走向你所期待的正确方向。

批评那些自尊心较强而错误又较多的人时，采取循序渐进的方法有利于取得批评的积极效果。相反，如果你一次性把对方众多的缺点一股脑儿地倾泻出来，就很容易伤害对方的自尊心，使其产生逆反心理。

◎性格内向、脾气暴躁、爱钻牛角尖的人

对这种人采用参照式批评比较合适。这种方式的特点是：在批评时，不直接涉及对方的要害问题，而是运用对比方式，通过建立参照物，来点明批评内容。

你可以通过列举和分析其他人的是非，来说明被批评者的错误；也可以通过说明你自身也曾犯过的类似错误，来阐明被批评者现在的错误；还可以通过列举和分析哪些是错误的，来烘托出被批评者为什么是错误的。

高情商的批评难就难在，如何在不伤害对方感情的前提下把道理说清楚，让对方乐意改正，而不同人的性格秉性是不同的，因此要注意因人而异、择言而施，这样才能使批评达到最佳的效果。

Part 6

带着同理心说话，做人生赢家

——情商高就是会换位思考

情感、利益——换位思考时要考虑的东西

在情商的理论体系中，识别他人情绪，并且让自我情绪与之产生共鸣的能力，被称为“同理心”。在某些情况下，同理心就是指一种对情绪的直觉，我们在生活中常常会遇到的那些“敏感”的人，那些能够一眼就看出“你今天情绪不太对劲”的人，便是拥有这种直觉的人。

不过，除了这种直觉之外，同理心更多地要求我们的思维介入，即让我们学会感受他人的感受，站在对方的角度上看问题。

一位母亲在圣诞节带着5岁的儿子去买礼物。大街上回响着圣诞赞歌，橱窗里装饰着彩灯，盛装可爱的小精灵载歌载舞，商店里五光十色的玩具琳琅满目。

“一个5岁的男孩将以多么兴奋的目光观赏这绚丽的世界啊！”母亲毫不怀疑地想。然而她绝对没有想到，儿子呜呜地哭出声来。“怎么了，宝贝？”“我……我的鞋带开了。”母亲不得不在人行道上蹲下身来，为儿子系好鞋带。

母亲无意中抬起头来，“啊，怎么什么都没有？没有绚丽的彩灯，没有迷人的橱窗，没有圣诞礼物……”原来那些东西都太高了，孩子什么也看不见！这是这位母亲第一次从5岁儿子的目光高度眺望世界。她感到非常震惊，立即起身把儿子抱了起来。

从此，这位母亲牢记，再也不要把自己认为的“快乐”强加给儿子。

“站在孩子的立场上看待问题”，这位母亲通过自己的亲身体会认识到了这一点。

孩子看见的东西，母亲不一定能看到，而母亲看到的东西，孩子也不一定能看到。然而，如果母亲放低身子或让孩子抬高角度，那么彼此之间就会有不一样的感受。在与人交往中，更是如此。

美国汽车大王福特说过一句话：“假如有什么成功秘诀的话，就是设身处地替别人着想，了解别人的态度和观点。”因为这样不但能与对方很好地沟通，而且能更清楚地了解对方的思想轨迹及其中的关键点，瞄准目标，击中“要害”，从而达到你的沟通目的。

有一段时间，卡耐基都是租用某家酒店的大礼堂来讲课。有一天，他突然接到通知，租金要增加三倍。卡耐基找到经理交涉。他说：“我接到通知，有点儿难以置信，不过这不怪你。如果我是你，我也会那样做。因为你是酒店的经理，你的职责是尽可能使酒店盈利。”

紧接着，卡耐基为他算了一笔经济账：“将礼堂用于办舞会、晚会，当然会有大把大把的银子。但你撵走了我，也等于撵走了成千上万有文化的中层管理人员，而他们光顾贵酒店，是你花几千元也买不到的活广告。那么，哪样更有利呢？”经理被他说服了。

卡耐基之所以成功，就是因为当他说“如果我是你，我也会这样做”时，他已经完全站到了经理的立场。接着，他站在经理的立场上算了一笔账，抓住了经理的心理——盈利，使经理心甘情愿地把天平砝码加到了卡耐基这边。

当我们和别人商谈事情时，我们通常习惯将自己的想法和意见强加给别人，而不会站在对方的立场仔细想想，这种说话方式其实是有碍沟通的。站在他人的立场上说话，能给他人一种为他着想的感觉，这种投其所好的技巧常常具有极强的说服力。

也许你会质疑，站在对方的立场上说来容易，实际要做的时候却很难。没错，站在对方的立场说话确实不容易，但却不是不可能。真正会说话的人，总是善于努力地从他人的角度来设想，并且乐此不疲。然而，他们也并非一开始就能做得很好，而是从一次次的说服过程中吸收经验、汲取教训，不断培养自己养成这种习惯，最终才达到这样的境界。因此，只要你愿意，这并不是一件太难的事。

讨人喜欢的聊天模式——从对方感兴趣的话题聊起

谈话是双向过程，一旦某一方对所谈话题没有兴趣，就会消极地参与对话，敷衍了事或者沉默不语。出现这样的情况时，交谈气氛自然就会很尴尬。所以，会聊天的高情商者在开始交谈时，就会找一些对方感兴趣的话题来聊，把气氛带动起来，让对方觉得你很理解他，愿意听他倾诉，那么他的话匣子就打开了，双方也就不会因没得聊而无比尴尬了。

美国耶鲁大学威廉·费尔浦斯教授是一位有名的散文家，他在散文《人类的天性》中写道：

我在8岁的时候，有一次到莉比姑妈家过周末。傍晚时分，有个中年人慕名来访，但姑妈好像对他很冷淡。他跟姑妈寒暄了一阵之后，便把注意力转向了我。

当时，我正在玩模型船，而且玩得很专注。他看出我对船只很感兴趣，便滔滔不绝地讲了许多有关船只的事，而且讲得十分生动有趣。等他离开之后，我仍意犹未尽，一直向姑妈提起他。

姑妈告诉我，他是一位律师，根本不可能对船只感兴趣。但是，“他为什么一直跟我谈船只的事呢？”我问道。“因为他是个有风度的绅士，看你对船只感兴趣，为了让你高兴并赢取你的好感，所以他当然要这么说了。”

可见，谈论别人感兴趣的话题能够很容易给人留下好印象。所以，我们在聊天时不要总是说“我昨天……”“我本来想……”你要试着把自己放在对方的位置上考虑一下，毕竟没人愿意专注地听别人聊他自己那些鸡毛蒜皮的事。你要学会把话题丢给对方，让对方也能畅所欲言，这才是讨人喜欢的聊天模式。

周爽是个性格爽朗的年轻女孩儿，而且也是一位足球爱好者。有一次在去广州的火车上，她的邻座是个小伙子，闲来无事，便和他聊了起来。

得知对方是辽宁人，周爽便赞美起辽宁人的豪爽、够朋友，说自己有好几位辽宁籍的朋友，都特爽快。听了这话，小伙子自然高兴，于是自报家门，说他叫李庆，是大连人。得知对方是大连人后，周爽想到了大连足球队，心想对方是男生，说不定也对足球感兴趣，这样一路上就有的聊了。

于是，周爽话锋一转，说辽宁人也很团结，特别是大连足球队，虽然每位队员都不是非常出色，但他们团结一致，奋力拼搏，经常取得好的成绩。而李庆真如周爽所想也是位球迷，所以两人一路上侃得天昏地暗，下车后还互留了通讯地址。在李庆的介绍下，周爽认识了很多球迷，结交了许多朋友。

在与李庆交谈时，周爽先是从辽宁人这个话题入手，然后巧妙地转到足球这个两人都感兴趣的话题上，从而与对方越谈越投缘。经过一番神侃之后，两人很快便加深了对彼此的了解，成为了好朋友。

两个人刚见面时，不知道对方的性格、爱好、品性如何，所以往往会陷入难熬的沉默与尴尬之中。这时，我们可以试探性地聊一些大众性的话题，比如老家是哪里，做什么工作。等找到了对方的兴趣所在，就可以以此作为共同的话题深入聊下去，从而拉近彼此的距离。

卡耐基的朋友查利夫是一位在童子军中极为活跃的人物，他曾经给卡耐基写过一封信。信的内容如下：

欧洲即将举行童子军露营活动，我想请美国一家大公司的经理资助我的一个童子军的旅费。在我去见这人以前，我刚好听说他曾开了一张百万美元的支票，而这张支票退回之后，他把它置于镜框之中。所以，我走进他办公室所做的第一件事，就是谈论那张支票——一张百万美元的支票！

我告诉他，我从未听说有人开过这样的一张支票，我还要告诉我的童子军，我的确看见过一张百万美元的支票。他很欣喜地向我出示那张支票。我表示羡慕，并请他告诉我其中的经过。经理侃侃而谈。

结果，经理不但答应了我的请求，并且比我要求的还多得多。我只请他资助一个童子军赴欧洲，但他竟资助了五个童子军，并让我们在欧洲住一个星期。并且，他还给我写了一封介绍信，把我介绍给了欧洲分公司的经理，让他帮忙在巴黎接待我们。之后，经理又给那些家境贫苦的童子军提供了一些工作机会，而且现在他仍在我们的团体中活跃地工作着。

“如果我不曾找出他所感兴趣的事，使他先高兴起来，那么我想接近他是多么不容易啊！”查利夫最后总结道。见面之后，查利夫并没有谈论童子军露营活动的旅费问题，他谈论的是对方所感兴趣的事情。双方兴致勃勃地展开了谈话，最终，查利夫收获到了比预期多得多的果实。

善于从对方的谈话中发现其兴趣所在，适当地迎合对方，不仅能够营造自然融洽的交流氛围，还能够很容易地拉近人与人之间的距离。如果发现对方对自己提出的话题不了解或者不感兴趣，那么就要及时转换话题，而不要自己想说什么就说什么。

请记住一点：每个人都喜欢谈论自己感兴趣的事，而不是别人感兴趣的事。只要能够抓住对方的兴趣点，那么谈话很快就会热络起来。

话题卡住了，就换话题，不要恋战

人本来就有自己的防备心，每个人要防备的方面又各不相同。在聊天的时候，有些话题，你以为没什么，对方可能就很敏感。特别是和女性朋友聊天，女人天生防备心强，再加上后天教育，恨不得人人自戴无形盔甲。所以，当你发现这个话题卡住了，不必抓住不放，尤其是像年龄、薪资这些隐私问题，你越是刨根问底，对方就会越不快。这个时候，最明智的做法就是，赶紧转移话题，而不要不识趣地继续说下去。

虽然你很希望把这个话题进行到底，问出一个结果，或是要告知对方某件事，但卡住了就是卡住了，别人的沉默和不悦已经接近临界点，你不想惹人家爆发就赶紧转移话题吧，暂且丢开就不会手忙脚乱，有机会再绕回来就可以了。

《康熙来了》有一期的嘉宾是著名女歌手孙燕姿。孙燕姿前段时间刚发行了个人最新的专辑，距离上一张专辑已经四年了，她来到《康熙来了》就是为了宣传新专辑。那个时候正值她的荷兰籍男友被曝光的时期，所以蔡康永和小 S 就一直想方设法地询问她男朋友的情况。

孙燕姿为了保护自己的隐私，一直处于比较抵制、不正面回答的状态。蔡康永见孙燕姿虽然面带笑容，但是表现出实在不愿意交谈这个话题的样子，于是就将话题转移到了孙燕姿想聊的话题——她的新专辑上。孙燕姿兴致勃勃地与主持人聊了很多关于新专辑的事，说到请张艾嘉帮忙演

MV后，蔡康永见孙燕姿心情很好，聊性大发，就机智地说："我们这样有聊够多专辑了吧，那可以来聊别的。"

熟悉蔡康永的观众都知道，转移话题调动对方谈兴，再把话题绕回来，是蔡康永访问中非常喜欢使用的招数，而且往往都能重新打开对方的话匣子，让对方兴奋之余走进他的圈套中，本来不愿意说的话题也侃侃而谈了。

话题卡住的情况，多是因为我们的话题触犯了别人的某个禁区，或是激起了对方的不悦情绪。要转移话题调动对方谈兴，就要了解一下对方的心理和情感，以免转移到一个同样会激发对方不悦之情的话题上。

情感是人的内心世界的一部分，一般是捉摸不定，较难把握的。但是，在有些场合，人内心的东西又常会通过各种方式外露出来。如果我们善于观察听者的一举一动，并能据此加以分析和推测，那么我们基本上就可以掌握听者的心理和情感，然后再顺着对方的心理适时地调整话题的方向，就能让谈话逐渐热络起来了。

某位中学老师悉心钻研中国古典文学，出版了一本近20万字的关于诗歌的书籍——《中国诗歌发展史》。该校的文学社小记者来到这位老师家采访，想让老师介绍一下写书经验。只见那位老师面带难色，认为只是一个专题学习，谈不上什么经验。

小记者抬头望着墙上的隶书书法作品说："老师，这隶书是您写的吧？"

老师回答："是的！"

小记者又问道："那么请您谈谈隶书的特点，好吗？"

这正是老师感兴趣和愿意谈的话题。师生之间的感情逐渐变得融洽起来。

这时，小记者不失时机地说："老师，您对隶书很有研究，我们以后还要请您多加指导。不过，我们现在十分想听听您是怎样写成《中国诗歌发展史》一书的。"此刻，老师深感盛情难却，也就只好加以介绍了。

由此可见，当某个话题引不起对方的兴趣时，要有针对性地、有选择地挑选新的话题，以激起对方的谈兴。例如，同运动员谈心理与竞技的关系，同外交人员谈公共关系学，对方肯定会一拍即合，谈兴大发。在运用这种技巧时，说话者首先要了解听者的心理和情感。我们也只有在了解听者的心理和情感的基础上，才能知道某个场合该讲什么，不该讲什么，哪些话题能够打动听众，能使听众产生共鸣。

有些事通过直言争取对方的应允已经失败，或在自己争取之前对方就已经明确表示不肯允诺，在这种情况下，不要绝望，应该采取转移话题、隐藏委屈的办法。"隐藏"就是掩盖自己的真实目的，以虚掩实，让对方无从察觉。表面上自己好像没有什么企图，或者让对方感到某种企图并非始于自己，而是另外一个人。这样，对方可能就不再有戒备和顾虑，处在这种无戒备、无顾虑的状态中事情自然就好办多了。"委屈"就是不直接出面或不直奔目的，而是绕开对方不应允的事情，通过另外一个临时拟定的虚假目的做幌子，让对方接受下来。当对方进入自己设定的圈套之后，自己的真实目的也就达到了。隐藏委屈的最大特点就是，含而不露或露而不显，在具体运用时有些小窍门需要认真领悟。

值得注意的是，转换话题以后，说话者还要注意在适当的时机及时将话题引入自己要表述的正题。因为换话题只是给谈正题打下一个基础，而非交谈的真正目的。所以，当双方对所换话题谈兴正浓，感情沟通到一定程度时，说话者就要适可而止，将话题转入正题，这就能更好地继续说完你想说的话题。

有参与感，谈话才能热络

交谈就像传接球，永远不是单向的传递。如果其中有人一直自己扔着玩，不传球，就可能会出现一阵难堪的沉默，直到你再次把球传出去，一切才能恢复正常。

所以，我们在与人交流的时候，必须注意：自己是否给对方留有发表自己见解的机会，而不是拒之于谈话之外？是否挫伤了对方的积极性？更重要的是，你能否对他们的话表现出关注，而不是显得只对自己感兴趣。

有些人在生活中常容易犯一个毛病：一旦他们打开话匣子，就难以止住，别人想说话也插不进嘴，硬是把双方的沟通变成了自己的演讲。他们自己倒是说痛快了，但别人的表达欲被阻遏了，心里肯定会很不爽。在此情况下，你就很难得到别人的认同，谈话氛围也不会融洽，所以为什么要做这样的傻事呢？

高情商的聊天模式是，你不但应该让别人有发表意见的机会，还得设法引起别人说话的欲望。每当你说完对某件事的看法后，可以问一句“你呢”“你怎么看”，把话题丢给对方，让对方也有表达的空间和权力，使对方有参与感，这样谈话才能自然而然地进行下去。

鲁豫主持的《说出你的故事》，采访杨澜那期节目，就很有意思。

鲁豫：“其实做高端访谈是比较难的，很多时候，他人在那个位置，能敞开说的东西很少。每个人愿意向别人敞开说的其实就那么一点点，而人到了那个高度，基于各种各样的原因，他能敞开的度就更小。”

杨澜：“没错，因为他没有必要一上来就跟你敞开心扉。”

鲁豫：“所以谈话就比较难。”

杨澜：“是，所以后来我就总结了一下，我觉得可能有四个武器可以用。第一，就是你必须意识到做高端访谈确实很难，在思想上有个准备；第二，就是做好功课，起码他的人生经历和专业背景得熟悉；第三，我觉得，应该有一个诚恳的态度，这种诚恳的态度并不是说需要我去阿谀奉承那种，不是那种取悦别人的姿态，而是自己要有一个诚恳的心态；第四呢，我觉得应该要有足够量的问题去挑战他。因为一个人吧，你如果一直就是这么顺毛捋，他可能就老是一种比较懒散的状态，有的时候逆毛搂一下，问他一个挑战性的问题，那他就会更投入地来跟你对话。这是一种很好的方法。”

中国著名的两个女名嘴在一起聊天，你觉得谁更厉害呢？我想，你一定会觉得她们两个势均力敌，这不仅仅是因为两人都能说会道、文化素养高，也是因为她们都懂得倾听别人，尊重别人，让别人能充分参与到聊天中。你一句我一句，聊得不亦乐乎，双方的水平和素养也在顺畅愉快的聊天互动中显现出来。所以，名嘴之所以成为名嘴，不仅仅自己会说，也要让别人说。

一个商店的售货员，拼命地称赞自己的东西怎样好，不给顾客说话的机会，很可能就会失去这位顾客的生意。因为顾客不过是把你的花言巧语当作是一种生意经，绝不会轻易相信而购买的。反过来，你如果给顾客说话的余地，使其对商品有评价的机会，你的生意便有可能做成功。因为顾客都有选择和求疵的心理，如果你只是一味地夸耀或是对顾客的挑剔加以争辩，这无异于说顾客不识好货。受到这么大的侮辱，他还会买你的货物吗?

其实，只顾自己说是一种得不偿失的交谈方式。因为话说得多了，既让对方觉得厌倦，而且别人没机会表达自己的想法，你也就无法从他身上吸取有用的东西。所以，与其自己唠唠叨叨地说些废话，还不如爽快地让别人去说，这样就能给人留下一个好印象，别人就会更愿意与你交谈。

记住，聊天不是你的独角戏，人人都有参与的欲望，只有人人都说得愉快尽兴，聊天才能顺利进行。因此，想要别人喜欢跟你聊天，而你也不想再遭遇对方沉默不语的尴尬，那么就从管住自己的嘴巴给对方说话的机会开始吧。

说服需要揣摩

说服是鼓动而不是操纵，说服是影响，而影响是一个优美的过程。如果你把自己想象成一个艺术家，细心揣摩别人的心理和情绪，你就能说服和影响他人。

一位父亲曾这样提到自己寻求了解女儿的心路历程，以及“知彼”对父女两人深远的影响：

女儿凯琳约 14 岁时，开始对我们十分不尊重，经常出言讽刺、语气轻蔑，她的行为也开始影响弟弟和妹妹。

我一直没采取行动，直到某天晚上，妻子、我及凯琳在我们的卧室里，凯琳脱口说了些很不当的话。我觉得她实在闹得不像话，于是大声呵斥道：“凯琳，你听好了，让我告诉你我们家的规矩！”

我道貌岸然地开始长篇大论一番，以为能让她信服，知道该尊敬爸妈。我提到最近生日为她做的一切，还提醒她，我们如何协助她考取驾照，还让她开自己的车。我滔滔不绝地列举出了不少丰功伟绩。说完后，我以为凯琳会对我们叩拜一番，感激涕零，可是她竟有些挑衅地说：“那又怎么样？”

我气炸了，愤怒地说：“你给我回房间去，我们真是不想再管你了。”凯琳冲出去，摔上自己的房门。我气得在卧室踱步。

然而，冷静之后我突然想到，我并没试着了解凯琳。我虽无意打击她，但却只站在自己的立场上。这份觉悟扭转了我的想法和对凯琳的感觉。

半小时后，我来到女儿房间，第一件事就是为自己刚才的行为道歉，我并未为她的行为开脱罪名，仅就自己粗鲁的举止致歉。

“我知道你心里有事，可是我不知道是什么。”我要让她知道，我真的想了解她。最后，我终于营造出了一种让她愿意跟我分享她内心不快的气氛。

凯琳有些迟疑地谈到了她的感受：身为初中生的她，不但要把书念好，还得结交新朋友；她害怕自己开车，因为这是一种全新的考验，她担心自己会出意外；她刚接了一份兼职工作，不知老板对她有何看法；她要上钢琴课，还要练钢琴，生活相当忙碌。

最后我说：“凯琳，你经常觉得不知所措，对吗？”问题找到了，万岁！凯琳觉得有人了解她了。在面对这些挑战时，她觉得手足无措，所以对家人颇多怨责，因为她渴望家人的关注，其实她真正想说的是：“拜托，谁来听我说说话吧！”

因此我告诉她：“所以当我要求你尊重我们时，你觉得又多了一件事。”

“就是！”她说，“又多了一件事！我连眼前的事都应接不暇了。”

我把妻子拉来，三人坐下来慢慢细谈，设法让凯琳简化自己的生活。最后她决定不去上钢琴课，也不练钢琴。接下来的几星期，凯琳像是换了个人似的。

从那次之后，凯琳对自己选择生活的能力更具信心。她知道父母了解她，也支持她。不久，凯琳辞去了那份兼职工作，因为那份工作不符合她的理想，她在别处找到了一份更好的工作。

回顾过去，我想，凯琳的自信来自我们乐于花时间坐下来了解她，而不是对她说：“好吧，这种行为不可饶恕，不准你出门！”

凯琳与父母的争执只是一种表象，她用行为掩盖了自己心中的忧惧，父母若只针对她的行为回应，便永远无法知道她的烦恼。于是，凯琳的父亲放下批评的手段，真心揣摩其心中所想。当凯琳感受到父亲的这一意愿时，便开始安心坦陈自己的心事。一旦理清问题，凯琳就能感受到别人的了解，接着便会希望获得父母的引导与指示。

由此可以看出，在说服的过程中，我们要注意以下两条原则：

第一，说服的前提是，你要清楚自己想要什么结果，同时知道他人的要求，在你和对方的需要之间搞好平衡。如果你不知道自己想要什么结果，而对方又非常清楚被你说服的最终结果，那么你将会被对方所影响。

第二，在说服的时候，切忌融入自己的情绪。在任何场合下的发怒、过于激动、过于高兴和伤感，都会削弱你的力量。

理解他人模式的途径是沟通，我们要学会在他人的世界里认识他们。人际关系成功的人，一般都是善于揣摩他人心理的人。

我们在说话办事时，如果只从自己的角度出发，无论发表什么意见都是“我认为……”“我想……”那么就很难引起对方的兴趣，甚至对方会反问你“这与我有什么关系？”所以，当你希望说服对方配合你完成某事时，首先应该从对方的角度出发，提出对他有利的条件，这样才能让对方有意愿跟你合作。

比如，如果你是保险公司的业务人员，在开展业务时，要是对方表示对保险的事不感兴趣，你不应该说“你的观念怎么这么落伍”或者“很多人都买保险了，不买就跟不上潮流了”之类的话，而是应该从保险能够为对方带来的利益出发，尽数保险的好处，还可以列举一些成功保单的例子，这样才有可能达到说服对方的目的。

站在对方的立场考虑问题，你会发现，你跟他有了共同语言，他的所思所想、所喜所恶都变得可以理解。在各种人际交往中，善于站在对方的立场考虑，你就能从容应对各种状况，要么伸出善意的援手，要么防范对方的恶招。

许多人不懂得如何站在对方立场上思考和说话，这是导致他们做很多事情都不成功的一大原因。劝说别人时，站在对方的立场上考虑，说出的话才能让别人听着顺耳，觉得舒服。如此，不仅能使他人快乐，也能使自己快乐。

抓住“动情点”来说话，分外有力

生活中，当我们有求于人时，最佳的效果莫过于让对方觉得答应你的请求是一种感情上的需要。当然，这要以能引起对方的感情共鸣为前提。所以，我们要学会向所求之人分析现状，用真情打动对方，引起对方的共鸣，如此对方才会欣然相助。

在美国经济大萧条时期，有一位17岁的姑娘好不容易才找到一份在高级珠宝店当售货员的工作。在圣诞节的前一天，店里来了一位30岁左右的贫民男子，衣衫褴褛，面黄肌瘦，他用一种贪婪的目光盯着那些高级首饰。

此时，电话响了，姑娘着急去接电话，一不小心，把一个碟子碰翻了，六枚精美绝伦的金戒指落到地上，她慌忙捡起其中的五枚，但第六枚怎么也找不着。这时，她看到那个30岁左右的男子正向门口走去。顿时，她知道戒指在哪儿了。

当男子的手将要触及门柄时，姑娘柔声叫道：“对不起，先生！”

那男子转过身来，两人相视无言，足足有一分钟。

“什么事？”他问，脸上的肌肉在抽搐。

姑娘一时竟不知说些什么才好。

“什么事？”他再次问道。

“先生，这是我的第一份工作，现在找个事儿做很难，是不是？”姑娘神色黯然地说。男子注视着她，终于，一丝柔和的微笑浮现在他脸上。

停了一下，男子向前一步，把手伸给她。“是的，的确如此。”他回答，“但是我能肯定，你在这里会干得不错。”他转过身，慢慢走向门口。

姑娘目送着男子的身影消失在门外，转身走向柜台，把手中握着的第六枚金戒指放回了原处。

姑娘之所以能成功地要回贫民男子偷拾的第六枚金戒指，关键就在于她站在他们共同的立场来说话，在尊重、谅解对方的前提下，以“同是天涯沦落人”的凄苦言语博得了对方的真切同情。

男子虽是流浪汉，但此时握有打破她“饭碗”的金戒指，极有可能使她也沦为“流浪汉”。因此，“这是我的第一份工作，现在找个事儿做很难”这句真诚朴实的表白，饱含着惧怕失去工作的痛苦之情，也饱含着恳请对方怜悯的求助之意，最终感动了对方。对方也巧妙地交还了戒指。试想，如果姑娘怒骂这位男子，甚至叫来警察，虽然也能找回戒指，但姑娘的“饭碗”能否保得住，就自不待言了。

想做到心理共鸣，就要注意以情动人。感人心者莫先乎情，把关怀之情送进对方心中，形成双方的心理共鸣氛围。一般来说，这种请求法可分为以下四个阶段：

第一，导入阶段。先顾左右而言他，以对方当时的心情来体会现在的心情。

第二，转接阶段。逐渐转移话题，引入正题。

第三，正题阶段。提出自己的建议和想法。

第四，结束阶段。明确提出要求。为了使对方容易接受，还可以指出对方这样做的好处。

有眼力劲儿的人能成事！

我们一直认为，沟通不就是说话嘛，那不是很简单么，说话谁不会？问题的关键在于：如何进行有效的沟通，怎么样开口说话才能让别人听得进去，才能让“说话”达到你的目的，而不是适得其反。不管一个人的意愿再大、点子再好，如果无法成功与他人沟通，一切都是枉然。

我们与他人谈话沟通，说的不是道理，而是合作；道理只是形式，合作才是根本。你把别人说服了并不能获得合作，你把别人说得心动了才能获得合作。

在1992年上映的电影《白玫瑰》中，张曼玉扮演一位保险业务员，好不容易见到目标客户后，对方却给了她一枚硬币，说是给她回家的路费。当时她很生气，在她扭头要走的一瞬间，她看到客户的办公室里挂了一张小孩的照片，于是她对照片深鞠一躬说：“对不起，我帮不了你了。”客户大为惊讶，忙问究竟。原来这个客户最疼爱他的儿子，所以把儿子的照片挂在办公室里天天看。

张曼玉对小孩的照片鞠躬致歉，实际是在向客户暗示：买保险的意义不只是让自己多一份健康、平安的保障，更是给家人、给最爱的人多一份安心和爱护。随后，客户叫住了张曼玉，于是第一单生意就这样谈成了。

张曼玉这次推销之所以能成功，就是因为她抓住了客户的关注点，在情感上打动了对方——谁不爱自己的孩子呢？谁不愿意给自己的孩子多一份关爱和保障呢？这就说明，沟通的切入点很重要。找准对方关心的事情，用诚恳的言语触动对方心中最柔软的部分，从而消除其抗拒心理，调动其参与程度，就会增加成功沟通的概率。

这一点和《鬼谷子·内楗》中提到的“得其情，乃制其术”的原则不谋而合——在知晓对方意图和主张的情况下，在掌控对方的内在情绪并找到接纳点的时机下，推行自己的主张，就能打动对方，达到控制对方、进退自如的境界。

生活中，每个人都免不了和陌生人打交道。要办好事，就要抛掉自己过于直白的交流方式，掌握一点揣摩他人心思的本领，然后你才能在说话、做事上做到投其所好。

有一次，著名相声演员马季到山东省烟台市演出，几家新闻单位的记者纷纷前来采访，不料，马季先生一一婉言谢绝，这使记者们十分失望。

这时，有一个爱好相声的记者再次叩响了马季的房门，说：“马季先生，我是一个相声迷，我对如今的相声表演有一些自己的看法……”马季先生一听，便十分热情地接待了他。这位记者正是利用他和对方都喜爱相声这一共同的兴趣做文章，巧妙地打开了马季先生的“话匣子”，顺利完成了采访任务。

人人都有被人理解的渴望，如果我们与被求之人产生了情感共鸣，就能迅速拉近彼此的心灵距离，对方也就乐于帮忙。所以，在与人打交道的时候，我们要勇于放弃自己墨守陈规不知变通的办事方式，转而学会察言观色，发现对方的心理需求，投其所好。只有这样，你的话才能在对方心中发生作用，你想办的事情才会更加顺利地完成。

恰当的措辞可以让你和火星人对话

《天下女人》有一期节目请来了个性才女刘索拉，她是一位音乐家、作曲家，也被视为中国真正的“现代派”作家。与这样一位思想另类、个性独特的才女交流，很多人心里肯定会很紧张，不知道跟对方说些什么，怕听不懂对方那些“专业术语”。但是，让我们来看看杨澜是怎么与这位才女实现无障碍沟通的吧！

刘索拉：“中国不是有一阵狂录音嘛，于是出现了第一批‘棚虫’，我本身也是一只‘棚虫’，所以那段时期写了很多电影音乐。”

杨澜：“棚虫？第一批棚虫？”

刘索拉：“棚虫就是成天在录音棚里趴着，做唱片，还扒唱片的人，那时候还要扒唱片。”

杨澜：“什么叫扒唱片？”

刘索拉：“扒唱片就是把国外的流行音乐扒成中国的，翻成中国词，就是把人、音乐和歌词分开。我扒过一张美国的唱片，那是一张早期的美国唱片，因为不懂英文就只听声，听着音乐感觉有什么词出来，我就把相应的旧歌词换成我想到的新歌词。但是我要把音乐全部都扒下来，扒完这个再填词，填完词崔健唱。”

杨澜：“哪首歌是崔健唱的？”

刘索拉：“那是很早的一首歌了，那时候他还没唱那个《一无所有》。”

杨澜：“《一无所有》是很早了。”

两个人接着崔健和以前的音乐等话题兴致勃勃地聊了起来。在融洽热闹的谈话氛围中，两个陌生人之间的距离越来越近了。

杨澜之所以能与各式各样的人物聊天，一个很大的原因就是，她会根据不同的人来调整自己的词汇，快速地给予对方亲切感和共鸣感。例如在与刘索拉的聊天中，她就一直提及对方熟悉的词汇“棚虫”“扒唱片”等，让对方认为你有所了解和认同，于是愿意跟你继续往下说。

实际上，针对不同的人挑选不同的词汇，是一个很重要的谈话技巧。与陌生人谈话时若要营造轻松和谐的气氛，拉近彼此之间的距离，使用什么样的词语很重要。恰当地使用词汇有以下几个方面需要注意：

◎重复对方的词汇

在谈话时，对方刚刚说的某个术语、俚语或是口头语，你可以马上把它用在自己要说的话里面，这会让对方感到很亲切。尤其是对于一些术语或是俚语，使用对方所说的词能够表现出对对方极大的支持和肯定。

◎识别对方的感官用词

要知道不同感官偏好的人对于不同的词汇也有偏好。不同类型的人所习惯使用的感官用词是不同的，对于他的偏好你要在倾听对方说话时多多留意。当你发现对方的感官偏好后，就可以在你说话时有意识地多使用对方所习惯用的那些词汇类型。

例如，对方的话中经常出现“看上去”“观点”等词汇，你可以凭借这些词汇确定对方倾向于视觉型，那么你就可以在以后的谈话中多使用视觉型的词汇，不仅是“看上去”“观点”，还可以用其他的视觉型词汇，例如，“观察”“反映”等。

感官用词一般是比较隐蔽的，需要你非常敏锐地去发现。同时，你使用和对方同类型的感官用词，对对方所产生的影响也是隐蔽的，对方听你说话会觉得非常顺耳，却说不出为什么。

◎模仿对方的习惯用语

习惯用语俗称口头禅，是一个人习惯性使用的词汇。例如，有些人喜欢说“无所谓”，或者“太棒了”“太背了”“很酷”“没意思”，等等。有一些口头禅是时尚的流行语，也有一些是非常具有个人色彩的。不管是什么样的习惯用语，如果你想提升自己的影响力，就可以在和对方说话的时候主动使用它，甚至你可以使用得比对方还要频繁。这种亲切和亲密的感觉会令对方很惊喜，因为你和对方的习惯用语一样，对方会认为你们俩的观念、性格、生活都比较相近。

◎避免使用否定和绝对的词汇

对于对方的观点不要一开口就说“不对”，没有人喜欢被否定。所以要把你的“不对”改成“对”，也就是先对对方的部分观点表示赞同，然后再发表你的不同观点。

另外，在与求异型的人谈话时，要尽量避免说一些表示绝对意义的词，如“一定”“肯定”“百分之百”“绝对”，等等。因为求异型的人喜欢挑毛病，如果你说的话过于绝对，他们会不由自主地在内心或是口头上表示质疑。为了不引起对方的反感，避免争执，说话时可以尽量使用比较中性的词语，不要把话说得太满。

◎**说话要简洁**

有些人叙述一件事情，为了卖弄才华，极力地修饰他们的语句，用重复的形容词，或学西方语言独有的倒装句法，或穿插些不恰当的歇后语，使别人摸不清他到底想说些什么。有些人在说话时，东拉西扯，缺少逻辑性和系统性，使人有种不知所云的感觉。如果你要提升自己的影响力，只要在说话时记住要说得简洁扼要就行了。

恰当的措辞是把话说得滴水不漏的重要前提，与人交谈，虽然你能准确理解对方的意思，但是却无法准确表达出来，那么谈话仍旧无法顺利进行下去。所以选择恰当的措辞，即使你不是学富五车，也能跟对方谈天说地。

见什么人说什么话，到什么山唱什么歌

在人际交往中，会说话的人都懂得遇到不同的人说不同的话，以便满足对方的心理需求，从而赢得对方的好感，这是说话办事的一大技巧。正如《鬼谷子·权》中所写：“故无目者不可示以五色，无耳者不可告以五音。”意思就是：对眼睛失明的人，没必要拿五色给他们看；同理，对耳朵失聪的人，没必要让他们听五音。

何洁大学毕业后应聘去了一家纺织工厂做技术支持，起初很得领导赏识，但好景不长，不到三个月，车间主任就对她越来越冷淡了。她怎么也弄不明白其中的原委。

经一位好心师傅点拨，她才恍然大悟：原来她刚走出学校，讲话爱用术语，而车间主任是中专毕业，最烦别人在他面前说一些他听不懂的专业词汇。这位大学生无形中触动了领导的自卑感，而使自己处于了不利位置。

因为沟通双方在知识结构、社会经验、价值取向、生活和工作经历等方面的差异性，所使用的语言必然不同，这就可能会导致沟通效果大打折扣。满腹专业理论的大学生跟一身工作经验但缺乏理论知识的老技工一起共事，就应该注意说话不能太理论化。可能大学生平时在学校跟着导师做项目习惯使用专业术语以表达自己的严谨态度，但是工作地点转换到工厂里，把话说得通俗易懂，这样才利于与其他人沟通。

下面这个故事中的秀才就是犯了跟何洁一样的错误。

有一个秀才去买柴火，他对卖柴火的人说："荷薪者过来！"卖柴火的人听不懂"荷薪者"（担柴火的人）三个字，但是听得懂"过来"两个字，于是把柴火担到秀才面前。

秀才问他"其价如何？"卖柴火的人听不太懂这句话，但是听得懂"价"这个字，于是就告诉秀才价钱。

秀才接着说："外实而内虚，烟多而焰少，请损之。"（你的柴火外表是干的，里头却是湿的，燃烧起来，会浓烟多而火焰小，请减些价钱吧。）卖柴火的人因为听不懂秀才的话，于是担着柴火就走了。

这就告诉我们：用对方听得懂的语言进行沟通，是沟通成功的保障。这便于信息接收者接收信息，理解信息。也就是《鬼谷子·摩》中所说的："摩之以其类，焉有不相应者。"意思就是：揣测时把握各类事物的相同点或相似点，哪会有对方不呼应的情况呢？

作为管理者，在与下属进行沟通时最好用简单的语言、易懂的言辞来传达信息，而且对于说话的对象、时机要有所掌握；作为销售员，如果完全从技术的角度向消费者讲解产品的好处，我想效果一定不会好……

我们与人说话时，一定要先明白对方的个性，对方喜欢婉转，就说流利的话；对方喜欢率直，就说直白的话；对方崇尚学问，就说高深的话；对方喜谈琐事，就说浅近的话。如果说话方式能与对方个性相符，那么彼此自然能一拍即合。就如《鬼谷子·权》中提到的"见人说法"九种：

故与智者言，依于博；与拙者言，依于辩；与辩者言，依于要；与贵者言，依于势；与富者言，依于高；与贫者言，依于利；与贱者言，依于谦；与勇者言，依于敢；与过者言，依于锐。

意思就是：与聪明的人说话，要依靠旁征博引；与笨拙的人说话，要依靠高谈雄辩；与善辩的人说话，要依靠简明扼要；与高贵的人说话，要依靠恢宏气势；与富有的人说话，要依靠高雅潇洒；与贫穷的人说话，要依靠利益诱惑；与卑贱的人说话，要依靠谦虚恭敬；与勇猛的人说话，要依靠当机立断；与过激的人说话，要依靠敏锐机智。

上述这些都是与人谈话的原则，它提醒我们，人可以分为不同的类型，人的处境不同，所追求的主要利益和担忧的主要损害也不同，我们在与其进行沟通时要利用其兴奋点激励之，利用其薄弱处掌控之。

总之，会说话的人在与人交谈时都懂得灵活应变，懂得面对不同地位、不同类型的人要采取不同的谈话风格，以适应对方的心理特点，这样就能不碰钉子、不失体面，保证谈话顺畅地继续下去。

Part 7

拒绝那些很 low 的回应方式

——拜托，别再说些背后让人嘲笑情商低的话了

名字都记不住还谈什么情商

一个最单纯、最明显、最重要的得到别人好感的方法，就是记住别人的姓名，使别人觉得受到尊重。人最重视、最爱听，同时也是最希望他人尊重的就是自己的姓名。

记住别人的名字很重要，记住对方的名字，并把它叫出来，等于给对方一个很巧妙的赞美。若是把他的名字忘了或写错了，在交往中会对你非常不利。

安德鲁·卡内基被称为“钢铁大王”，但在创业之初，他对钢铁制造业知之甚少，手下好几百人都比他了解钢铁。当时，卡内基可能记不住各类钢材的型号，但他能记住不少下属的名字。

卡内基在 10 岁的时候，就发现人们对自己的姓名看得十分重要。利用这一发现，他很轻松地赢得了小朋友们的合作。

有一次，卡内基抓到一只怀孕的母兔。很快，那只母兔就生下了一窝小兔子，但他没有东西喂它们。就在这时，他想到了一个很妙的办法，他对整天围着小兔子打转的小朋友们说，如果谁能弄来胡萝卜、菜叶喂养那些小兔子，他就以谁的名字来称呼这些小兔子作为报答。这个方法太灵验了，卡内基一生都无法忘记。

几年之后，卡内基将此种方法运用于商界，同样获得了极大成功。那一年，卡内基特别希望把钢铁轨道卖给宾夕法尼亚铁路公司，而艾格·汤姆森正是该公司的董事长。为此，卡内基特意在匹兹堡建立了一座巨大的钢铁工厂，取名为“艾格·汤姆森钢铁工厂”。毫无疑问，卡内基顺利将那座钢铁工厂卖给了宾夕法尼亚铁路公司。

记住及重视朋友和商业人士名字的方法，是卡内基领导才能的秘密之一，他以能够叫出自己员工的名字为骄傲。他很得意地说，当他担任主管后，他的钢铁厂从未发生过罢工事件。

记住他人的姓名，在政治上的重要性几乎跟在商界一样。一位政治家所要学习的第一课便是：“记住选民的名字就是政治才能，记不住就是心不在焉。”

在美国总统的专业幕僚群中，有一位幕僚的工作内容就是，专门替总统记住每一个人的名字，然后每当总统在遇见某人之前，这位专责幕僚就会先一步提醒总统此人的名字。而那位被总统叫出名字的人，也会因总统竟然会记得他而雀跃不已，进而更坚定他对总统的支持。

记住每个人的名字，是尊重一个人的开始，也是打造自己个人魅力的第一步。

吉姆·佛雷 10 岁那年，父亲意外丧生，留下他、母亲及两个弟弟。由于家境贫寒，吉姆不得不很早就辍学，到砖厂打工赚钱贴补家用。虽然学历有限，但吉姆却凭着爱尔兰人特有的热情和坦率处处受人欢迎，进而转入政坛。最叫人佩服的是他还有一种非凡的记人名字的本领，任何一个跟他交往过的人，他都能牢牢地记着对方的全名，而且一字不差。

吉姆连高中都没有读过，但在他 46 岁那年就已拥有了四所大学颁给他的荣誉学位，并且高居民主党要职，最后还荣膺邮政局长之职。

有一次，记者问吉姆·佛雷成功的秘诀。他说："辛勤工作，就这么简单。"记者有些疑惑，说："您别开玩笑了！"

他反问道："那你认为我成功的原因是什么？"记者说："听说您可以一字不差地叫出一万个朋友的名字。"

"不，你错了！"他立即回答道，"我能叫得出名字的人，少说有五万人。"

这就是吉姆·佛雷的过人之处。每当他刚认识一个人时，他一定会弄清对方的全名、家庭状况、所从事的工作，以及政治立场，然后据此建立一个大致的印象。当他下一次再见到这个人时，不管隔了多少年，他一定能迎上前去在那个人肩上拍拍，嘘寒问暖一番，问问他的老婆、孩子，或是问问他最近的工作情况。有了这份能耐，也难怪别人会觉得他平易近人、和善可亲。

罗斯福竞选总统时，吉姆不辞辛劳地搭乘火车，穿梭往来于中西部各州，亲切地与当地民众寒暄、交谈，为罗斯福总统助选。每到一地，他都会立刻深入民众，与他们集会、共餐，并宣传罗斯福总统的政见，与群众进行亲切、真诚的沟通。

返回东岸之后，吉姆会立即写信给每一个城镇的友人，要他们列出所有与会人士的姓名、住址，集成一本多达数万人的名册，最后不辞辛劳地一一写信给名册上的每一个人。并在信件一开始，就亲切地直呼对方的名字，如"亲爱的比尔""亲爱的约瑟"等，信尾更不忘写下自己的名字"吉姆"。

吉姆很早就已发现，当一大堆人名出现在一个人眼前时，对方最感兴趣、最开心的，仍是看到自己的名字。因此，牢记别人的名字，并正确无误地叫出来，对任何人来说，都是一种尊重、友善的表现。万一你不慎忘记而叫错了别人的名字，很可能会招来一些不愉快的事。

每一个名字里都包含着奇迹，名字完全属于与我们交往的这个人，没有人能够取代。名字能使人出众，能使人在众人中显得独立。

只要我们从人的名字着手，我们所做的和我们要传递的信息就会显得特别重要。不管是侍者或总经理，在我们与其交往时，名字均会显示它神奇的作用。因此，如果你要别人喜欢你，请记住这条规则："对一个人来说，他的名字是任何语言中最甜蜜、最重要的声音。"

人们除了对自己的名字格外尊重之外，还有一种倾向，那就是渴望自己能名垂后世、万古流芳。有的人捐书、捐古物给图书馆、博物馆，为的就是在撰写馆史时，能记上他们一笔，使他们的大名与馆长存。教会为了鼓励信徒捐款，也会将捐款者的大名镶在玻璃窗上，供人们瞻仰。人之爱名、好名，于此可见一斑。

可以说，世界各地的图书馆和博物馆中最有价值的收藏品都来自那些一心一意担心他们的名字会从历史上消失的人。纽约公共图书馆拥有亚斯都氏和李诸克斯氏的藏书；大都会博物馆保存了班吉明·亚特曼和 J. P. 摩根的名字；几乎每一座教堂都装上了彩色玻璃窗，以纪念捐赠者的名字。

多数人记不住他人的全名，理由不外乎是工作太忙、无暇记这些琐事。我们被介绍与其他人相识时，往往随口寒暄几句，而事实上可能连再见都还没说，我们就已忘了对方姓什么叫什么。所以有时候要记住一个人的全名很难，尤其当它不太好念时，一般人都不愿意去记它，心想：算了，就叫他的小名。

其实，记住别人的名字也是有一些技巧的。拿破仑三世曾得意地说，即使他日理万机，仍然能够记住他所认识的每一个人的名字。

他的技巧非常简单。如果他没有听清楚对方的名字，就说："抱歉，我没有听清楚您的姓名。"如果碰到一个不寻常的名字，他就说："怎么写呢？"在谈话当中，他会把那个人的名字重复说几次，然后试着在心中把它跟那个人的特征、表情和容貌联系在一起。

如果对方是个重要人物，拿破仑三世就会更进一步。一等到他旁边没有人，他就把那个人的名字写在一张纸上，仔细看，聚精会神地将它记在心里，然后把那张纸撕掉。这样一来，他对那个名字就不只是眼睛的印象，还有耳朵的印象。

记住他人的姓名就等于把一份友谊深藏在心里，记忆时间越久，情谊就越深，如同一瓶陈年好酒，越放就越醇。

挑衅？该反击时就反击

有的时候，我们总会遇到一些难以应付的场面，比如出乎意料的训斥、气势汹汹的责难、蓄意的讽刺、挖苦等。这个时候，是暴跳如雷、面红耳赤地跟他对骂，还是运用你的高情商有理、有利、有节地回敬对手，让对方哑口无言的同时，还能让你赢得路人的掌声。无疑后者是更高明的做法，但这就需要当事者具备过硬的心理素质和高超的说话技巧。

某天，小晗正在用公司的扫描仪扫描许多年前的老照片，碰巧被同部门的几个同事看到了，于是大家便围过来凑热闹，自是品评一番说说笑笑。这时，公司的“毒舌妇”金燕恰好路过，于是便也凑过来假意看照片。

有同事拿起一张照片问小晗是何时拍的，只见照片上的小晗胖嘟嘟的小圆脸，开心地手捧奖杯站在领奖台上，旁边侧立的人纷纷鼓掌。“哦，这个是初中时候的一次知识竞赛，我拿了全校特等奖。”小晗有些不好意思地说。

“哎呀，想不到小晗你小的时候那么聪明哦！”

“是啊，还看不出你是个小才女咧！”

……

同事七嘴八舌地边说笑边和小晗轻轻打闹着，此时却从旁边传来一个不太和谐的极其不屑的声音：“切，小时候聪明的人长大了一般可就不会聪明到哪儿去喽！”

不用看也知道说出此话的正是站在一旁伺机找茬的金燕，周围的人瞬间沉默了，偷偷看着小晗的脸色，担心两个人会就此吵下去。

不过小晗倒是一副自得其乐的表情，假装亲昵地走到金燕身边，轻轻说了句："那看来你小的时候一定比我聪明很多倍哦！"说完便手拿照片扬长而去，周围的同事也纷纷带着一副偷笑的表情悄悄溜出门去，只剩下独自在屋里跺脚的金燕。

在与人交往时，我们可能会被别人有意无意地奚落、挖苦。这时候你越一味退让就会让对方觉得你好欺负，楚楚可怜也要会用对地方，应付怀有恶意故意挑衅的人，你就得拿出天不怕地不怕的气势用"以眼还眼，以牙还牙"的办法，有理、有利、有节地回敬对手，针锋相对，"原物"顶回，让对方有苦说不出，只能自食其果。

当然，将难题抛还给对方，也要抛得有技巧、有水平才好，最好是就着对方的话题反问对方，或是根据对方所说的话延伸下去做文章，就如同小晗反将金燕那样。将问题抛回去可不等同于岔开话题转舵去谈别的，否则便会让人看出来你是在躲避。

当我们遇到对方咄咄逼人，故意想让我们难堪时，有以下几条应对方法可供参考：

◎以退为攻

假如对方是以刁钻的问题逼问你，让你必须回答、不能推辞，那么这时你可以假装退却，让对方自以为是地逼过来，你再诱导他跟着你的思路走，顺势把他带远，让他完全进入你的圈套之后，再回过头来对他进行反击。

◎**后发制人**

这是使自己能站稳脚跟的最有效办法，一般当对方到了已经不能自圆其说或者已是山穷水尽的时候最为有效。因为对方总是有弱点的，只要我们先忍一时，等抓住对方话语中的漏洞之后就把这一点无限扩大，让他无力应对、无地自容，从而为自己出一口气。

◎**把球踢给对方**

当对方所提问题的角度很刁，你回答肯定或否定都有可能令其再次抓住话柄，那么你就不要正面回答，而是将问题再抛还给对方，将对方一军，把烫手的山芋再扔回去。

在生活中尤其是说话时，如果遇到了他人无端的挑衅，该反击时绝不要嘴软，要用事实向对方宣示：我可不是好惹的！

他人设“梗”，不妨顺着话茬往下接

歌手满江的新歌发布会上，汪涵大哥为了表示祝贺，特地手捧一把大麦送上台去，说道：“祝你专辑能够大卖。”

好友见状故意设“梗”抬杠道：“咦？你这把好像是水稻诶！”

汪涵顺势说道：“那更好啊，水（稻）到渠成嘛！”

汪涵顺势而为，稳稳当当地接住了对方抛出来的“梗”。这就是说话的精妙之处。

我们在生活里也经常会遇到这种情况，当我们说话时对方突然抛出一个“玩笑梗”让我们不知所措，有些是朋友知己间的善意调侃，有些则是心怀鬼胎的人找茬或是暗地讽刺。无论是哪种情形，高明的办法就是接着对方的话茬往下讲，而低能的办法则是立马翻脸认输或是争辩较真。

朋友之间，高明的招数可以让彼此间的气氛迅速升温，低能的招数则会令对方陷入尴尬，并且以后不敢再与你开玩笑。对于那些不怀好意的人，高明的招数可以实现见招拆招，做得妙还能“反咬一口”，把矛头还给对方，而低能的招数则无疑意味着向对方缴械投降不战而败，让对方奸计得逞。

那么，如何才能巧妙接住对方抛出来的“梗”呢？下面几个方法可供参考：

◎借题发挥

某大学中文系在开学第一天开了个座谈会。新生们需要一个个作自我介绍。当轮到来自农村的牛力时，他刚说了句："我姓牛，来自乡下……"不知谁小声说了句："瞧，乡下小牛进城喝咖啡了！"许多人都笑了起来。

牛力先是一愣，但很快就镇定下来，说道："是的，我是来自乡下的小牛。不过，我进城是来'啃'知识的，以便回乡下耕耘。我'吃的是草，挤出来的是奶和血'。我愿永远做家乡的'孺子牛'！"

话音刚落，大家热烈地鼓起了掌。牛力用自己的机敏，顺着那位同学过分的玩笑话，引用鲁迅的名言，不但摆脱了尴尬的场面，而且表明了自己做人的准则，为自己赢得了喝彩。

当有人给你设的"梗"带有一定的侮辱性质，而抛"梗"的人又不是恶意刁难你的时候，如果你能顺着对方的话，再借题发挥一番，反而把他的话变成你用来夸奖自己的话，可谓是一种最机智的选择。这样既能避免自己的难堪，又不至于把关系弄僵。

◎诱敌上钩

集市上，几个小商贩摆着麻袋和秤杆，等着收购农民拿来的山货。一位老农来到一个小商贩面前，诚恳地问："老弟，灵芝菌一斤多少？"老农的本意是问一斤灵芝菌能卖多少钱，小商贩见老农两手空空，以为他是问着玩玩的，就想开开他的玩笑，开心开心。于是小商贩答道："一斤是十两，你连这都不懂？"旁观者们哄笑起来，使得老农很尴尬。

不过老农略一定神之后，开始反问小商贩："你做多久生意了？"

小商贩随口答道："十年了。"

老农哈哈一声，脸露讥笑地说："亏你还是个生意人，人家问你多少钱你却回答多少斤。我看你像个老生意人，才这么问的，哪里晓得你连'钱'都不懂，唉……"

老农故意把一声"唉"拖得很长，这回轮到小商贩被人哄笑了。

当有人纯属恶意地开你的玩笑时，你当然需要毫不客气地回敬，诱敌上钩就是其中的一招。你要不紧不慢地诱惑对方进入你设的语言圈套，在适当的时候反戈一击，让对方自讨其辱。

◎反唇相讥

晚会上，一个年轻小伙子邀请一个女孩子跳舞。由于小伙子比较瘦小，女孩子不愿意跟他跳，还非常不礼貌地开起了对方的玩笑："我不想跟孩子跳舞！"

不过小伙子十分聪明，他收回停在空中的手，道歉说："对不起，我不知道你正怀着孩子。"

女孩子的脸一下子红到了耳根。

生活中一些尴尬的局面完全是由于别人不敬的玩笑引起的，如果你隐忍退让，很可能会被人看扁，把你当软柿子捏；如果针锋相对，又会把事情搞僵。这时，不妨采用反唇相讥的办法，把对方开自己玩笑的话返回到他自己身上去，从而为自己争取主动。

说话时，对于他人抛出来的“梗”，我们选择接住要好过躲避。接住了，顺着对方的话往下说，见招拆招，就可巧妙地化之于无形；千万不要就着对方说出的话反复较真，这样你就彻底输了。

有不满，温柔地说出来

每个人都是有缺点的，夫妻之间当你不满另一半的某些行为时，如何避开无谓的争执，让对方心甘情愿地为你做出改变呢？高情商的对话原则就是：能用温柔机智取胜的，绝不用强迫命令来实现。

所以，不管是妻子还是丈夫，若心里有不满，不妨温柔地说出来，这不仅可以使你掌握相处时的主动权，也可以让婚姻免遭争吵的侵蚀，让夫妻间的感情在温柔的磨合过程中更亲密、更融洽。

夫妻间发生矛盾时，要谨记以下几条说话原则：

◎不要用责备的口吻否定对方

责备另一半的行为不当时，你往往会指出自己认为的做这件事的正确方法。可能你的方法确实更好，但事实上大多数时候只是因为这种方法更符合你的主观偏好而已。所以，千万不要用责备的口气否定对方的努力，而应表示对方做得很好，你很感谢。

比如，当丈夫花了一上午时间最终还是没有修好下水管道，而且弄得满屋子臭味时，你最好不要说“白费了一上午工夫也没修好，还不如找人来修”这样的话，而应该以委婉的口气表达自己的意见“这个修起来确实很费劲，你也累了，先吃饭吧。不行的话下午找人来修就是了。”

记住，千万不要吝啬对另一半的感谢和肯定之词，这会令对方乐于继续坚持下去。幸福的夫妻往往建立在彼此欣赏的基础上，学会赞美，哪怕是日常生活中最细枝末节的举手之劳，也不要忘记真诚地说声“谢谢”。

◎不要说“为什么你总是不听我说”

“为什么你总是不听我说”或者“我早就告诉过你了，你偏不听”，类似这样满是责备的话，不仅无助于问题的解决，而且还会严重影响双方的感情。

美国西雅图华盛顿大学社会学教授佩伯·施沃兹曾指出，如果你使用“总是”或者“从不”这样的字眼，你的丈夫此刻就不可能和你进行正常的交谈了。你的这种全盘否定的说法，把问题的责任全部推到他的身上，而让自己脱离了所有干系。如果你以“这对我真的很重要”作为开场白，就会为你打开一扇进行建设性对话的大门。它会令你有机会说出被他拒绝的话，而且提出解决问题的建议。

作为妻子，在表述你的观点时要冷静。丹佛大学心理学教授赫沃德·玛克曼博士认为，通常妻子对丈夫最大的抱怨是，对方完全不和自己沟通；而丈夫们最一致的看法却是，说得太多会引起争执。因此，他建议，如果你想你的丈夫不仅听你说，而且更多地和你交流，就要始终做到心平气和。

◎不要随便威胁他

“说得对，我正是要离开你！”这句威胁性的话往往很危险，不给进一步的交谈留一点余地。施沃兹博士解释说：“你的丈夫可能会对你说‘再见’，或者讥讽你不过是做做样子，而这两种结果都是对你的一种羞辱。”就算你确实怒气冲天一走了之，你们的关系也不会就此结束，尤其还要牵涉到孩子的问题。

所以，就算你再愤怒，也不要把那些一触即发的冲动话放在嘴上，毕竟你并不真的想要离开。理智的做法是，寻求能就此进行交流的途径。在这种情况下，只要夫妻间的关系还没有破裂，说出真实的感受有助于接触到问题的根本。

不过，对于大多数婚姻而言，如果一方动不动就用离开来威胁，那么随着时间的推移，这句“我要离开你”的话很可能会在将来的某一天变成现实。葛特曼解释说：“这就有点像自杀，总是威胁对方要离婚的人，会将自己未来的道路一点点地逼进绝境。”当你气急败坏、无法控制自己的情绪的时候，你也只能这么说：“那给我一种想要离开你的感觉。”

夫妻之间应该学会用温情的言语进行沟通。如果你的本意是好的，可话说出来就变了味，那么最好改变你的表达方式，温柔地说出你的不满。这样既可以改变对方，还能维护好你们的感情。

找个人替自己说“不”

拒绝别人的话之所以难以说出口，主要是因为担心伤害彼此的关系。虽说拒绝别人有多种技巧，但还是难免造成不快。其实，有的时候你根本不用绞尽脑汁去想那些拐弯抹角的拒绝方式，只需要将事情无法达成的原因转移到第三者的身上，即借用“别人的意思”拒绝对方，来表明自己心有余而力不足。既然是由于第三者的阻碍而无法达成，自然不会伤害你们两人的感情。

那么，在什么情境下，适用我们上面提到的方法呢？答案是：有些问题自己直接说“不”，效果可能适得其反，同时又无间接拒绝的理由可用时，就可以以一个与问题不直接相关的人的名义来说“不”。比如，可以说“我的朋友说……”“我的同事说……”“大家都认为……”其实，这些所谓的“朋友”“同事”“大家”可以是根本就不存在的人。这种说“不”的方式，在很大程度上能消除人们的心理障碍，而使问题得以顺畅解决。

某造纸厂的推销员去某大学推销纸张，他找到自己熟悉的总务处处长，恳求对方订货。总务处处长彬彬有礼地说：“实在对不起，我们学校已同某国营造纸厂签了长期购买合同，学校明确规定不再向其他任何单位购买纸张了，我也只能按照规定办。”

这样一说，拒绝对方就不是总务处处长的意思，他把责任全部推到了“学校”那里——学校的规定，谁也无法违反。事情就是这么简单。

此外，我们在找替自己说“不”的人时还需要注意，你找的人最好是比较权威的人。对于生活中的有些人和事，只有从比较权威的人口中说出的“不”才能镇得住。比如，出于工作需要，你要跟进某位领导的工作进度，而他正好是一个欺软怕硬、专看上级脸色行事的人。作为下属，你不妨这样说：“王局长让我来问问，你们处的工作报告写好了没有。”这样一来，迫使他不得不以认真的态度来回答问题，而你自己也不会被他压住了气势。因为你的身份已经转换为“传话者”而非“办事者”，纵使他心里不情愿，鉴于领导的压力，也不敢对你太无礼。

当然这一招也不能乱用，而且最好是用来拒绝陌生人或者不是很熟悉的人，比如某个推销员或者刚认识的一个还不清楚底细的朋友。如果是很熟悉的知根知底的朋友，你也借别人的嘴巴来拒绝，让朋友知道了，就会觉得你做作、不够真诚，从而对你的印象大打折扣。毕竟大家都不愿意跟为人很假又爱作的人相处。

找个人替自己说“不”，以别人的身份表达拒绝之意。这种方法看似推卸责任，却很容易被人理解：既然爱莫能助，也就不便勉强。

一位和善的家庭主妇说，巧妙拒绝的艺术使她一次又一次获得了宁静。每当推销员找上门来，她都彬彬有礼但态度坚决地说：“谢谢你来推销，但是我丈夫不让我在家门口买任何东西。请你理解我一个做妻子的难处。”这样，推销员就知道了该主妇肯定不会买他的商品，而且被拒绝的推销员并不止他一个人，因此也就不会再在主妇身上费时间推销下去了。

所以，我们每个人都可以在必要时虚构一个“后台领导”，把自己的意愿归到他身上，适当地弱化自己的地位，表现出一种对决策的无权控制，拒绝效果就会立竿见影。总之，当你在交际中遇到那些不能以自己之口直接说“不”的问题时，最好借别人之口说出来，这样既维护了你的自身形象，也能取得良好的办事效果。

多备几种说话模式，错不了

情商高的人都懂得“看人说话，看菜下碟”，在人际交往中遇到不同的人说不同的话。因为这样可以很好地满足对方的心理需求，从而赢得对方的好感。只要对方认可你了，愿意听你说话了，沟通的目的就容易实现了。

◎看对方年龄说话

——与长辈说话要保持谦虚

长辈教育后辈时常说：“我走过的桥比你走过的路还多。”这是很有道理的。老年人虽然接受的新知识比年轻人少，但其人生经验要丰富得多。在与长者谈话时，晚辈一定要保持谦虚的态度。

老年人都喜欢与人闲聊，有时碰上一位投缘的人便会滔滔不绝，话无止境。这时候，我们可以等对方讲完一件完整的事后，借机离开。离开时要先对他的谈话表示热情的感谢，再礼貌地告别。

——与晚辈说话要保持稳重

如果是跟晚辈说话，最好不要在他们面前倚老卖老。如果年龄稍长的人张口闭口“我当年……”“你们年轻人该……”类似的话，相信没有哪个年轻人爱听。与晚辈聊天时，我们可以说一些他们感兴趣的话题，让他们明白，年龄不是问题，你也有与他们一样年轻的心态，这样谈话就能顺利地进行下去了。

◎**看对方身份地位说话**

身份职务不同并不妨碍人际交流，下级对上级、学生对老师、普通人对于有名气地位的人等，不应当也没必要表现得低声下气、唯唯诺诺，但也不要过于随便，要注意态度上表现出尊敬，回答问题时简练适当，不随意插话，尽量不讲题外话，说话姿态自然不紧张。

小许是一所中学的教务处处长，很得教育局一位领导的赏识。这位领导是教师出身，为人处事温和大度。他与小许并未谋面，但看了小许的报告后十分赞赏他的才华，便约请小许与他聊聊。

小许在欣赏自己的领导面前并没有得意忘形，言谈举止都严谨得宜，很有分寸。领导虽性情开朗，嘴上多次表示要小许随意些，但心里对小许稳重得体的举止很是高兴，他觉得没有看错人。就这样，小许与那位领导逐步建立了友情。

有身份地位的人通常在阅历、学识等方面高于一般人。与他们交往，常令我们肃然起敬，有时我们还会有一种威压感而噤若寒蝉。特别是那些未见过世面的青年人，在大人物或前辈面前往往会表现得举止生硬，言语嗫嚅，丢失了自己的个性、本色。其实，与比自己地位高的人交往是一种常规的社交活动，表示友好，尊重对方，说话做事有礼有节，自然也就会赢得对方的认可和尊重。

比如，当你与上司说话或是探讨工作时，就应该尽量用谦虚的语气，向上司多请教工作方法，多讨教办事经验，他会觉得你尊重他从而对你产生好印象。所以，在工作中即使你全都懂，也要装出有不明白的地方，然后主动去问上司“关于这事，我不太了解，应该怎么办？”或“这件事依我看这样做比较好，不知局长有何高见？”那么上司一定会很高兴地说“嗯，就这样做！”或“这个地方你要稍微注意一下！”如此一来，身为下属的你不但会因少犯错误而少被批评，上司也会感到自身的价值，这样有了他的帮助和支持，后面的事情就好办多了。

此外，还要根据对方的性格和心理状态说话。一般性格外向的人善于与人交谈，性格内向的人多半“沉默寡言”。同性格开朗的人谈话，你可以侃侃而谈；同性格内向的人谈话，就应注意分寸，循循善诱。

老舍曾经说过：“话是表现感情与传达思想的，所以大学教授的话与洋车夫的话肯定会不一样。”因此，同样的话，可能对这个人说，他很愿意接受，而对另外一个人说，他不但不接受，而且还可能产生反感。所以，对不同的人说不同的话，充分照顾对方的感受就是一个人高情商的表现。

不是不能跟老板说“no”，是怕你情商不够

上司委托你做某事时，你要全面考虑，这件事自己是否能胜任，是否违背自己的良心，然后再做决定。如果只是为了一时的情面，即使是无法做到的事也应承下来，那么结果很可能是出力不讨好，事情没做好，上司也不给你好脸色看。不懂拒绝是一种愚昧的善良。拒绝这件事，最高情商的表现就是行就行，不行就不行，千万别装。

当然，拒绝上司是要讲究方法的，因为上司不是一般人，他有可能决定着你将来的前程，不容轻易得罪。但是，如果你能采取一些巧妙而又行之有效的拒绝方法，那你尽可以大胆说一句：“领导的话就敢不听。”不过这里要声明的是，这只是针对上司提出的一些不合理要求而言的。

张强在深圳某IT企业任部门总经理，由于他的技术能力强，业务精，老板很是器重他。当时另一部门的总经理刚刚离职，考虑到张强的业务能力不错，老板便找到他，希望他能同时担任两个部门的总经理。面对这一情况，张强很为难，因为他知道虽然自己的技术过硬，但作为管理者还缺乏一定的管理能力，何况还同时兼管两个部门。所以，他决定找个合适的机会将自己的想法与老板进行沟通。

两天后的午休时间，张强敲响了老板办公室的门。一番寒暄过后，张强对公司安排他同时出任两个部门的总经理一事，与老板交换了想法：“我的强项是技术，但另一部门更突出总经理管理方面的才能，这和我的

技术不相匹配。如果我管理一个部门，我可以把这个部门的各方面做精做细，但要同时管理两个部门就分身乏术了。”

接下来，张强又从公司利益的角度详细阐述了跨部门兼管的利弊，并为老板推荐了一位更合适的人选，老板对张强的建议表示了认可。

对上司不恰当的决策指令，可以考虑推辞，但推辞不是耍滑头，而是委婉的拒绝。在跟上司说“不”时，要善于动之以情，晓之以理，那么再固执的上司也会被感化。当然，在提意见时立场一定要对，不能仅站在自己的角度上找理由，而是要多站在公司的立场上去看问题，把事件可能会给公司或他人带来的利弊讲清楚。这样的回答会让上司觉得你是一个注重团体精神和有主见的人，自然也就愿意接受你的意见。

有些情况下，身为下属也不可一味地拒绝。尽管你拒绝的理由听起来合情合理，但是因为事情紧急，上司还是坚持非你不行，这时，如果你的事情可以暂时搁置，那么你就不该再推辞。否则，上司可能会以为你不愿为公司出力，从而怀疑你的工作干劲和能力，以致失去对你的信任，在以后的工作中，有意无意地使你与重要的工作机会失之交臂。

对上司说“不”其实是一门学问，要摆正心态，更要学会技巧。上司毕竟是上司，所以要尽可能地维护上司的尊严，如果交给你的任务你确实力不能及，那么千万不要马上表示不能接受，而应先谢谢上司对你的信任和器重，并表示很乐意为他效劳，然后再含蓄地说明自己爱莫能助的理由。这理由可以从你的职责范围提出，也可以从你自身的特殊情况提出，但不管从哪方面提，理由都必须有说服力。这样才能让上司主动收回指令，取得你想要的拒绝效果。

可以拒绝爱情，但要留住友情

每个人都有爱与被爱的权利。如果对方请人转告或是暗示希望与你建立恋爱关系，而你的心里对此人并不满意，那么该怎么办呢？很简单，这种情况下千万不要碍于对方的面子，或者因为怕伤害彼此的友谊而使得自己的态度含糊不清、暧昧不明，一定要用委婉的语言明确地拒绝对方。虽然被拒绝会让对方难过一时，但是坦白你的拒绝之意比遮遮掩掩、犹豫不决更能显示你的诚意，这也是对对方的一种尊重。

不过，这里有一个很重要的前提是，语言表达上一定不要伤害对方的自尊心。尤其是对身边关系好的同事或同学，辞爱时更应该注意表达方式。如若你当时不加考虑直截了当地说“不”，那么事后你定会后悔不应该在拒绝爱情的时候也丢了友情。

有一位漂亮的姑娘突然收到一封情书，一看，是单位里很不起眼的小夏写的，“癞蛤蟆想吃天鹅肉”，一气之下她把情书贴到了食堂的入口处。结果可想而知，小夏在单位里颜面扫地。四年后，曾被羞得无地自容的小夏终于找到了称心的伴侣，而漂亮姑娘还是孤零零一个人，因为原来想追求她的人都被她的举动吓跑了。

别人向你求爱，他没有错；你拒绝他的爱，你也没错。最关键的是怎样拒绝，如果拒绝得恰到好处，对双方都是一种解脱；如果你不讲方式，不但伤害他人，说不定也会伤害自己。

某医院的护士小刘长得清秀水灵，大家都很喜欢她。一天下班，平时工作中一直很关心小刘的郑医生郑重地对她说：“小刘，一起去吃饭好吗？我有很重要的话想跟你说。”

小刘一听，心里便明白了“重要”的含义。于是她笑着说：“好哇！我正好想请你帮个忙。”

郑医生一听高兴极了，开心地回道：“行，只要是帮你的忙，我一定竭尽所能。”

小刘又笑了：“可没那么严重。只不过是我男朋友脸上生了几个痘痘，我想问你用什么药比较好？”

这就是一种高情商的拒绝方式。这样辞爱大家都不伤面子，“爱”字与“不”字都没有从口里说出，只不过心照不宣罢了，日后见面，彼此同事还是同事，朋友还是朋友，并不会在心里设置障碍。

很多人遇到不喜欢的人的示爱都不知该怎样拒绝，因为一方面辞爱的语言要恰当、委婉，既要把自己的意思表达清楚，让对方没有心存幻想的余地；另一方面又不能太不近人情，即使没有爱情但希望友情还在。那么，到底该如何说呢？掌握以下几个技巧就可以帮你很好地解决这个问题：

——若已有意中人，又遇到求爱者，那么就直接明确地告诉对方，你已心有所属，请他另择佳偶。但切忌向求爱者炫耀自己恋人的优点，以免伤害对方的自尊心。

——如果是还在读大学的女学生，对于来自不是你喜欢的人的告白，你务必要做到把他的念想扼杀在萌芽状态。你可以告诉对方目前只想好好念书，为将来找好工作做准备，暂时不考虑个人恋爱问题，那么对方也就明白你的意思了。

——对于已经工作的女孩，如果单位里有男同事追求你而你并不喜欢他，那么为了不影响你们今后在工作上的合作，你可以选择这样的婉拒方式：“对不起，我不想在同一个单位里找对象，这会让人感到二十四小时都没有了自己的空间。”

当一个人爱上另一个人，在他（她）的心目中肯定不想只是做朋友那么简单，所以如果你确定自己不愿意，那么在这个关系定位上就要非常清晰。当跟这个暗恋自己的人见面时，要明确以“朋友”的态度对待对方，绝不可令对方有任何遐想，但说话也不可太直接，以免伤害对方的自尊心。

平常心回答应聘时的隐私提问

某招聘网站的论坛曾就“面试时最不喜欢被问到的隐私问题”为话题发起投票，排第一位的是“你在上家公司的薪资是多少？”其次是个人的单身情况，另外对于已婚女性的生育问题也多有提及。关于面试中的隐私问题，面试官问了，求职者就一定要回答吗？答案是未必，如何听懂面试官问题背后的真正含义并且巧妙地给出回答，考验应聘者情商的时候到了。

按照常理，招聘企业问及个人隐私问题是明显有些侵权的行为。但是，也有些招聘企业认为，向应聘者询问这些问题并无不妥之处。了解应聘者的一些隐私，一方面可以根据对方的实际情况安排适合的岗位。比如，当面试官问“你有没有男朋友”“打算什么时候结婚”等问题时，他本意并不是要窥探你的个人隐私，而是因为有一些岗位比较特殊，会因为工作而影响到员工的正常休息时间，所以面试官需要了解一下求职者的个人品行和性格特点，以此来判断求职者是否适合所应聘的岗位，以及对工作的看法。另一方面，面试官也可借敏感问题来考察应聘者的应变能力，考察应聘者能否在不情愿的情况下顾全大局，既维护自己的利益，又让事情得到圆满解决。

其实这些问题如何回答并无定论，重要的是你的回答要让对方放心，让对方觉得你能安心留下来工作。相信大多数企业都是“以人为本”的，每一种所谓“令人尴尬”的提问，都有其必然的潜因。在这里尤其要指出的一个方面是，由于女性本身所具有的一些求职方面的先天劣势，如结婚生子、照料家务等，招聘企业常担心其婚姻和家庭会影响工作，所以面试时往往提出许多相关的问题。这些问题或刁钻古怪，或让人觉得左右两难，如何回答都不妥当，但能否回答好这些问题，又直接关系到求职能否面试成功。

比如，其中一个常常被面试官提出来考验女性求职者情商的问题是：如果让你在家庭与事业之间做选择，你认为哪一个更重要？

这是一个老生常谈的问题，也是一个难题。事实上，这是一个对任何人都重要的问题，之所以更频繁地出现在女性求职者面试的情景中，是因为女性往往要对家庭内务承担更多的责任，而这些责任很可能与工作相冲突。招聘企业自然非常希望你以事业为重，但也很清楚，谁都希望拥有一个幸福美满的家庭，而有幸福的后方作保障，才能无后顾之忧地集中精力工作。

显然，这道题目是个两难的选择，不管女性朋友选择家庭还是事业，无疑都是不合适的。所以，回答这个问题的时候，不妨换个角度，不和题目正面冲突，但又给出招聘企业想要的答案。

女性朋友可以参考如下回答：我认为，无论在工作中还是在家庭中，女性的最大目标都是要使自己活得有价值。我很想通过工作来证实自己的能力、体现活着的意义，但家庭对于我的意义也是不容小觑的。我也相信，不只是我，可能每个人都是这么认为的。家庭和工作也许是互相影响的两个方面，但我相信，它们并不是站在对立的立场上，处理得当的话是完全有可能两全其美的。事实上，很多女性都是这样做的，而且她们也做得很不错。我认为我也可以做到。

这样的回答，既表明了你对待工作的态度，又表达了你对家庭的热爱，这两点正是一个心理健康、成熟的女性所应该具备的。

总之，在回答这类敏感问题时，最好以中庸低调、不偏不倚为大原则，切忌过分极端的答案。此外，如果能够在回答时简要说明理由，即使问题刁钻古怪，只要能自圆其说，也能得到不错的评价。

怎样跟面试官谈钱不伤感情

薪酬问题一直都是求职者和招聘方洽谈的焦点话题，同时也是求职面试中一个十分重要而又敏感的问题。“你期望的薪资大概是多少？”“你对我提出的月薪还满意吗？”这一系列涉及薪酬的问话，常常让求职者苦于回答。一是，由于受传统观念的影响，在谈及此问题时往往是羞于启齿，欲说还休。该不该或者敢不敢回答，是一个难点。二是，如何把握讨论薪酬的分寸，不破坏自己在面试官心目中的印象，这也是一个难点。

下面我们就来提供一些简单实用的方法，帮助你跟面试官谈钱不伤感情。

◎迂回曲折，巧报身价

一般而言，你目前的薪资水平是未来老板“出价”的参照，因此大多数老板在面试新员工时都会问到这个问题，恰当的回答很可能对将来的薪资有利。所以，当专业的人事经理问及这一问题时，你最好是避免正面回答，而采取迂回曲折的方式。

先不急于报“实价”，以免今后没有迂回或进一步解释的余地，可以简单地向对方解释一下目前的薪资结构。比如可以这样说：“我现在的收入除了每个月的固定工资之外，还有奖金、房贴、车贴等。”然后顺带说到某几个部分具体是多少钱。这样一来，即便没有直截了当地报出身价，对方只要简单一估算，也就能大致明了。

◎**准确定位，直奔期望**

“薪金期望值”是求职者的必答题之一，而这恰恰也是令他们比较头疼的难题。在面试中被问及这个问题时，求职者最好先自己判断一下，对方和你是否真正进入实质性谈判了。一些人事部经理会拿这个问题作为对应聘者进行考量的一种手段，而应对这种情况最好的方法是使用一些“外交辞令”。比如回答“薪酬不是我的首要考虑因素，我更看重的是在贵公司的发展前景”等。如果是经过几轮面试，双方已经明确进入实质性谈判阶段，这时就应当抓住机会，委婉地说出自己的期望值，如果再拖泥带水、遮遮掩掩，就会错失良机。

◎**执意坚持**

目前就业压力大，工作机会很重要。但是，如果招聘方提供的薪资水平实在难以满足你的心理预期，这时不妨采取以退为进的方法，或许能够让对方重新认真考虑你的要求。当然，即使要拒绝对方，也要为协商留有余地。如果雇主需要你，他会乐于满足你的要求。而一旦你对他们提出的标准说出绝对的“不”，交易肯定就做不成了。

现在许多应聘者不懂其中的诀窍，公司还没有表示出要录用的意思，应聘者就冒失地和人事经理谈薪论酬，这是极不明智的做法。也有些应聘者，对薪水要求说得过死，非要多少钱，否则就不干，这也是不好的。最好的办法，不仅要给自己留余地，也要给对方留余地，这样，最后获胜的还是自己。

◎**目标转移**

如果你目前的薪水太少，那么直接回答不会给你带来什么好处。正确的回答是顾左右而言他，学会打太极，比如巧妙地回答：“我相信公司会根据我的业绩给予合理报酬，以体现多劳多得的原则。”或者“钱不是我唯一关心的事，我想先谈谈我对贵公司所能做的贡献——如果您允许的话。”这样将球又踢了回去，由对方来做出决断。

◎范围波动

每个雇主在心里对员工薪水的上下限度都有个数，会经常在那个限度内自由调整，并且手头也掌握着你所不知的内情。当你不知道对方是怎样想的时候，往往容易自降身价。这样岂不正中其下怀？所以，在你提出任何薪水要求之前，请务必搞清它的大致价位，以退为进提出反问，比如：“我愿意接受贵公司的薪酬标准，不知按照规定这个岗位的薪酬标准是多少呢？”这样，不但没有露出自己的底，反而可以摸清对方的底。假如它低于你的心理价位，你就定一个比目前薪水高至少10%~20%的价。总之，你必须得先开价，而且不要把底线定得太低。

巧妙地应对薪酬问题是面试的重要一步，如果在薪酬问题上能有灵活的策略，那么面试成功的概率就会大大提高了。

不懂的不说，懂的慎重说

孟子说："人之患在好为人师。"这确实是很多人的通病。我们总是觉得自己是优秀的，可以完成很多事情，因此喜欢到处发表自己的意见；而当别人没有听从的时候，便会觉得对方蠢笨，或者认为对方并没有将我们看在眼里。其实，这是不对的。试着换位思考一下，我们自己是否喜欢那种指指点点的人，如此便可明白个中道理了。

可是，很多时候虽然我们无意评论，但有人希望我们能就自己的专业水准给予一些指导。这时候，如何回答也是有学问的。不要因为别人主动来问，我们便觉得自己高高在上，同时，别人问的未必就是我们懂得的。所以，高情商的回答方式便是：不懂的不说，懂的慎重说。

在这一点上，马云就是我们学习的榜样。很多人都觉得马云给人口才好、有深度的印象缘于他有洞见，这自然是不差的，不过并不是全部。马云能做到那么受人欢迎，还在于他对自己有一个清晰的定位，更重要的是能管住自己的嘴，不说空话，不对自己不明白的领域乱发言。

在做客《对话》时，马云对一位观众所提问题的回答就是他在这方面表现的一个最好注解。

赵鹏：本地生活在经历一个新的电子商务浪潮的这个过程当中，您希望有很多小而美的企业出来，我们也希望成为其中一个也许小而美或者中而美的企业，所以您能否就如何实现这个目标提一点建议，或者说千万别干什么。

马云：这是一个应该慎重对待的问题。你刚才讲这个事的时候，我在回忆2003年、2004年、2005年我在做互联网时，那时候我其实就记住一样东西，就是帮我的客户赚钱。淘宝2003年成立，后来打败eBay只是乐趣而已，就是在特别痛苦的时候，搞一个人折腾一下他。我真没想到可以把它捅翻掉，这个是我没想到的，我也没想真去捅翻它，纯粹是他要打我的时候，我给他乐了一乐。但是心里面的想法永远不会改变，我很清楚地知道这一点，只有淘宝的小卖家挣钱了，我们才有活下来的可能。本地生活的原则就是这样，让那些提供吃喝玩乐服务的商家在你这个平台上面能赚钱，让他们真正知道有你和没有你是有区别的。你全心全意帮他们成功，这个时间延长得越长，你越有机会。千万不要做的事情是，不要去证明你的模式是对的。因为今天你认为对的模式三年以后可能就是错的。你只需证明一点，我想帮我的客户成长，这一定是对的，这是我觉得要做的。

通过上面一段话可以看出，马云一直在用自己曾经的相似经历说事。这种态度就是好的。很多时候，有些问题即使与我们的专业非常相关，也未必就是我们所掌握的。我们觉得的“懂”，很可能是一厢情愿的认为罢了。这时候，就要管住自己的嘴，在不懂的领域尽量少发言。如果非要说，那么就结合自己的经历，说些自己曾经历过的，真正懂得的。像马云，本身是互联网商业的大佬，一样不去说自己经历之外的事情，这才是正确的态度。

我们给别人指导或者给别人建议，是为了帮助别人，同时也是为了展现自我。如果在不懂的领域胡乱说话，那么就不是展示自我，而是暴露自我了。要知道，对不懂的事情不发言不丢人，对不懂的事情乱发言才真正丢人。

说自己该说的话，更要说自己能说的话，同时也要说自己懂得的话。人最忌讳的是觉得自己无所不能，觉得自己对哪个领域都有很深刻的见解。那样的天才或许也有，但未必就是我们。因此，还是低调些的好，用自己的经历说事，不仅给人一种诚恳感，而且也是真正能够给人帮助的。说些空话，只会让别人讨厌我们。